世界百年未有之大变局下

国际经贸规则的重构研究

原 倩 著

中国言实出版社

图书在版编目(CIP)数据

世界百年未有之大变局下国际经贸规则的重构研究 /
原倩著. -- 北京：中国言实出版社，2023.11
ISBN 978-7-5171-4624-7

Ⅰ. ①世… Ⅱ. ①原… Ⅲ. ①进出口贸易商用规则—
研究 Ⅳ. ①F746

中国国家版本馆CIP数据核字（2023）第205700号

世界百年未有之大变局下国际经贸规则的重构研究

责任编辑：代青霞
责任校对：王战星

出版发行：中国言实出版社
   地 址：北京市朝阳区北苑路180号加利大厦5号楼105室
   邮 编：100101
   编辑部：北京市海淀区花园路6号院B座6层
   邮 编：100088
   电 话：010-64924853（总编室） 010-64924716（发行部）
   网 址：www.zgyscbs.cn 电子邮箱：zgyscbs@263.net

经 销：新华书店
印 刷：北京虎彩文化传播有限公司
版 次：2024年1月第1版 2024年1月第1次印刷
规 格：710毫米×1000毫米 1/16 12印张
字 数：150千字

定 价：68.00元
书 号：ISBN 978-7-5171-4624-7

前　言

　　当今世界正处于百年未有之大变局，新一轮国际经贸规则重构既是大变局下全球政治经济格局演进的重要结果，也是推动大变局进一步演进的关键动力。从内容看，国际经贸规则主要包括以 WTO（世界贸易组织）为代表的多边规则的"一体"和以 FTA（自由贸易协定）与各类专项治理规则为代表的"两翼"。在大变局背景下，驱动国际经贸规则演进的因素主要有五个：一是经济全球化模式深刻调整，保护主义与开放合作斗争日趋复杂深刻；二是新一轮科技革命和产业变革蓬勃兴起，推动新议题新规则不断产生；三是中美关系深刻调整，东西方发展模式与意识形态之争不断加剧；四是新兴经济体与发展中国家群体性崛起改变全球力量对比，推动国际经贸规则向更加公平普惠方向"回归"；五是突发公共卫生事件等重大冲击推动大变局加速演变，对国际经贸合作与规则演进产生了深远影响。

　　从规则重构的形势看，美欧日等发达国家与发展中国家纷纷提出 WTO 改革和国际经贸规则重构的方案，规则博弈正式展开，其核心议题包括发展中国家待遇、市场导向条件、国有企业与竞争中性、补贴、知识产权保护与强制技术转让、电子商务和数字贸易等六个方面。这些议题事关当前世界经贸格局的核心关切和重大矛盾，对其他领域规则具有先导、联动和引领作用。在各方博弈下，国际经贸规则呈现出四大发展态势：一是国际贸易投资规则向边境后延伸，"三零"规则等高标准规则不断推广；二是南北矛盾更加突出，规则博弈趋于"零和化"；三是围绕制度和意识形态的规则博弈更趋激烈；四是区域主义与多边主义张力增大，国际经贸规则碎片化、圈层化、排他性程度有所提升。

从对策建议看，我国应将新的国际经贸规则与我国制度型开放要求加以比较，"一分为五"、分类施策：一是对与我国方向一致型规则，宜加强对标、促进深化改革与扩大开放；二是对客观差异型规则，宜长远谋划、创造条件、稳步接轨，但不可急于求成；三是对利益之争型规则，宜采取斗而不破的策略，在谈判中达成一致；四是对模式之争型规则，应坚持求同存异、各美其美，推动不同发展模式经济体在全球贸易新秩序中和谐共生；五是对安全之争型规则，须坚守底线、寸步不让，坚决维护我国主权和安全。在此基础上，宜采取如下四个方面的对策建议：其一是以共建"一带一路"为引领，提升经贸规则引领力；其二是积极参与世贸组织改革，推动全球经济治理朝平等、开放、合作、共享方向发展；其三是推动制度型开放，做好自贸区港改革创新压力测试；其四是统筹发展与安全，建立规则对接风险应对机制。

目　录

第一章　绪　论 ·· 001

　　第一节　研究基础 ·· 001

　　第二节　研究意义 ·· 016

　　第三节　研究思路与路线图 ································ 019

第二章　国际经贸规则演变的历史与发展现状 ············ 021

　　第一节　以 WTO 为代表的多边贸易规则 ············ 021

　　第二节　以 FTA 和双边投资协定为代表的双边和区域性
　　　　　　贸易规则 ·· 029

　　第三节　投资规则等其他专项领域 ······················ 034

第三章　百年未有之大变局下国际经贸规则重构的基本动力 ··· 036

　　第一节　经济全球化模式深刻调整，保护主义与开放合作斗争
　　　　　　日趋复杂深刻 ······································ 036

第二节　新一轮科技革命和产业变革蓬勃兴起，推动新议题
　　　　新规则不断产生 ……………………………………… 043

第三节　中美关系深刻调整，东西方发展模式之争不断加剧 ……… 045

第四节　新兴经济体和发展中国家群体性崛起改变全球力量对比，
　　　　推动国际经贸规则向更加公平普惠方向"回归" ……… 048

第五节　新冠肺炎疫情推动大变局加速演变，对国际经贸合作与
　　　　规则演进产生深远影响 ………………………………… 049

第六节　乌克兰危机爆发加剧国际紧张态势，对国际经贸规则
　　　　演变带来重要影响 ……………………………………… 050

第四章　全球主要经济体在 WTO 改革及国际经贸规则变革中的
　　　　立场及争论 ……………………………………………… 053

第一节　中国的 WTO 改革与经贸规则重构主张 ………………… 054

第二节　美国的 WTO 改革与经贸规则重构主张 ………………… 059

第三节　欧盟的 WTO 改革与经贸规则重构主张 ………………… 062

第四节　美欧日三方机制的 WTO 改革与经贸规则重构主张 …… 066

第五节　加拿大等国的 WTO 改革与经贸规则重构主张 ………… 071

第六节　最不发达国家的 WTO 改革与经贸规则重构主张 ……… 075

第五章　国际经贸规则重构的核心议题与发展走向 ……………… 078

第一节　发展中国家待遇 …………………………………………… 079

第二节　市场导向条件 ……………………………………………… 095

第三节　国有企业与竞争中性 ……………………………………… 104

第四节　补　贴 ……………………………………………………… 119

第五节　知识产权保护与强制技术转让 …………………………… 125

第六节　电子商务和数字贸易 ……………………………………… 140

第六章　国际经贸规则重构的基本态势与未来走势…………… 153

第一节　国际经贸规则向边境后延伸，"三零"规则等高标准
规则不断推广 ………………………………………… 153

第二节　南北矛盾更加突出，规则博弈更趋"零和化"………… 154

第三节　发展模式差异更趋明显，围绕制度和意识形态的规则
博弈日渐激烈 ………………………………………… 155

第四节　区域主义与多边主义张力增大，国际经贸规则碎片化、
圈层化、排他性程度有所提升 …………………………… 156

**第七章　应对百年未有之大变局下经贸规则重构的总体部署
与政策建议**………………………………………………… 158

第一节　分类施策，应对百年未有之大变局下经贸规则重构的
总体部署 ……………………………………………… 158

第二节　以共建"一带一路"为引领，提升经贸规则引领力 …… 167

第三节　积极参与世贸组织改革，推动全球经济治理朝平等、
开放、合作、共享方向发展 …………………………… 168

第四节　推动制度型开放，做好自贸区港改革创新压力测试 …… 169

第五节　统筹发展与安全，建立规则对接风险应对机制 ………… 171

参考文献…………………………………………………………… 172

第一章　绪　论

当今世界正处于百年未有之大变局，大变局下国际经贸规则正在进行新一轮重构。以 WTO 改革和高标准 FTA 谈判为抓手，美西方国家纷纷抢占国际经贸规则制高点，力图在产业补贴、知识产权、国有企业、数字贸易等规则上达成新共识，对我国造成规则围堵与压力。为此，加强对大变局背景下国际经贸规则重构的动力、态势、影响与应对之策的研究，具有重要的理论和现实意义。

第一节　研究基础

现有文献围绕百年未有之大变局的主要特征、经贸规则重构背景下的保护主义理论发展、WTO 改革及高标准 FTA 推动规则演进的进步规律等内容，进行了深入的考察，为接下来的研究奠定了坚实基础。

一、百年未有之大变局问题研究

世界正处于百年未有之大变局是研判国际经贸规则重构的重要前提，学界对大变局的核心特征进行了深入研究，为把握大变局下国际经贸规则重构问题提供了重要的理论支撑。

从基本内涵与核心特征看，百年未有之大变局包括以下几个方面因素，即新一轮科技革命和产业变革（高祖贵，2019；张一飞，2020）、中国与世界关系发生深刻变化（胡鞍钢，2021）、国际格局东升西降发生重大变化（阮宗泽，2018；赵磊，2021）、人口结构发生历史性转折（张宇燕，2019）、国际秩序发生深刻演变（雷达，初晓，2021）。

从对我国影响看，百年未有之大变局既是机遇又是挑战，对我国经济发展、国家安全、对外开放、体制改革以及战略机遇期等均产生深刻影响（方长平，2020；罗建波，2019；张宇燕，2019）。新冠肺炎疫情暴发推动大变局加速演变，对全球经济发展带来明显冲击（王永中，2020；赵磊，2021）。

从应对大变局的思路和对策看，我国应坚持和发展中国特色社会主义道路（逄锦聚，2020；辛向阳，2019），坚持以人民为中心（杨雪冬，2019），防范和化解重大风险（颜晓峰，2019），推动经济全球化深入发展（权衡，2019），积极参与和推动全球经济治理（庞中英，卜永光，2020）等。

二、国际经贸规则重构的理论基础、理论机制与重要趋势研究

（一）贸易保护主义与自由贸易的理论研究成为国际经贸规则重构的重要理论背景

保护主义与自由贸易的争论是国际贸易理论的核心内容，也是国际经贸规则提出、确立并不断发展的理论根源。与绝对优势、比较优势等理论相对，贸易保护主义理论也不断发展出新的脉络，近年来其发展尤为明显。贸易保护主义的新形态与国际经贸规则重构具有密切联系。一方面，规则重构的部分动因是为防范保护主义的新形态；另一方面，部分国家利用规则重构来设置新的壁垒，构筑新的保护主义屏障。因此，

本书以保护主义与自由贸易理论体系为核心，重点梳理保护主义的最新的理论动向，为国际经贸规则重构提供理论借鉴。

一是关于贸易保护主义理论基础的研究。贸易保护主义理论基础不断发展，总体而言可以分为如下四组理论脉络：

第一组是重商主义理论、"幼稚产业"保护论、战略性贸易理论。这些理论为后发国家推动工业化赶超提供了重要的理论根据。1500—1776年，重商主义拉开保护主义序幕。该理论强调国际贸易的"零和博弈"属性，主张以邻为壑、扩大贸易顺差、实施贸易保护（Blaug，1997）。世界经济进入工业化时代后，"幼稚产业"保护论成为保护主义思想基础，力主对制造业等"幼稚产业"实施严格保护。1791年美国汉密尔顿主持的《关于制造业报告》、1841年德国经济学家李斯特出版的《政治经济学的国民体系》是这一观点的代表作。20世纪80年代以来，战略性贸易理论兴起。该理论强调在不完全竞争环境下，受规模经济、外部性和"干中学"等因素影响，一些行业利润率和资本、劳动回报率明显高于其他行业，对这些"战略性部门"要实施政策干预，取得先行优势（克鲁格曼，1987）。

第二组是"公平贸易"理论、"有条件贸易"理论和"金德尔伯格陷阱"理论。这些理论往往成为发达国家面对新兴经济体赶超压力，实施保护政策、减轻贸易不平衡压力的理论基础。"公平贸易"理论认为，发展中国家由于所谓低工资和低福利而享有"不公平"的优势，主张将贸易与工人权益、社会责任等相联系，阻碍自由贸易（巴格瓦蒂，2003）。在进入21世纪后发达国家尤其是美国贸易赤字不断攀升的背景下，萨缪尔森2004年根据中美两国单一要素两商品模型研究指出，他国在本国优势产品领域发生技术进步将损害本国利益，自由贸易并非总是对一国有利的，而是"有条件"的（萨缪尔森，2004）。与前两个理论的视角不同，"金德尔伯格陷阱"理论则是典型的为霸权国推卸维持自由贸易责任的保护理论。2017 年，美国国际关系学家约瑟夫·奈根据美国金德尔伯格关于自由贸易秩序的崩溃是"大萧条"原因的研究提出，美国对华政策应避免中国太弱且无意愿承担公共物品的提供责任而成为"破坏性的免费搭车者"，造成世界秩序的混乱（约瑟夫·奈，2017）。该理论的实质还是强调中国"责任"，为美国实施保护主义提供理论支持。

第三组是利益集团理论、贸易政策政治经济学和全球化"不可能三角"理论。该组理论更多从国内利益集团博弈角度解读贸易政策逻辑。根据奥尔森的集体行动理论，贸易保护的受损者量大面广，受益者量小集中，后者的集体行动的收益高于成本，更容易团结起来影响贸易政策决策（奥尔森，2009）。与此相关，贸易政策政治经济学立足公共选择范式，从个人利益与社会利益、不同利益集团、政治献金与政治支持等角度分析保护主义的起源（Baldwin，1989；Karacaovali，2015；Sugimoto and Nakagawa，2011）。在此基础上，Aaken & Kurtz 从认知心理学角度研究收入不平等、风险厌恶和社交媒体机制对国内贸易保护主义的助推作用（Aaken and Kurtz，2019）。罗德里克进一步分析了自由贸易与国内民主制度的矛盾关系，认为各国"不能在追求民主和国家自主的同时追求自由贸易"的"不可能三角"理论（罗德里克，2011），为理解贸易保护主义的崛起提供了制度层面的视角。

第四组是贸易保护主义的经济周期、全球价值链、实际汇率、贸易失衡等具体经济诱因，这些因素与大变局的国际经济格局变化具有密不可分的联系。一种观点认为，经济周期转向萧条是贸易保护主义的诱因，保护主义具有明显的"反周期"特征。比如，Georgiadis & Graib 研究发现，如果将关税以及非传统的"模糊"保护主义考虑在内，2009 年以来国内商业周期与贸易保护主义的反周期关系持续存在，G20（二十国集团）中发达经济体比新兴经济体贸易保护政策对经济周期的反应更强烈，且 G20 国家贸易政策对经济周期的反应明显低于非 G20 国家（Georgiadis and Graib，2013）。Georgiadis & Graib 同样认为，贸易保护主义的幽灵并未离开，各国在经历经济衰退或竞争力下降时，将采取更多的贸易限制政策，全球经济将继续面临保护主义回潮风险（Georgiadis and Graib，2016）。但也有学者否认这一关系的存在，如 Rose 研究贸易保护主义是否"反周期"，作者利用超过 180 个国家 40 年的数据发现，与一战前不同，二战以来，贸易保护主义不再反周期，关税和非关税壁垒在经济低迷期并未明显提高（Rose，2013）。作者认为，现代经济学的进步尤其是对保护主义的拒斥是这一变化的重要原因。全球价值链是影响全球化的基础性理论，深度嵌入全球价值链有利于防范贸易保护主义崛起。比如唐宜红、张鹏杨利用 WIOD 世界投入产出数据库和 WTO 的关税及非关税数据库，研究参与全球价值链对贸易保护主义的抑制效应（唐宜红，张鹏杨，2020）。而 Miroudot & Nordstrm 研究发现，至 21 世纪 00 年代之前全球价值链的兴起为防止保护主义的回潮奠定基础，但全球化达到顶峰的 2012 年后，全球价值链供应链转向国内化，这一转变构成保护主义崛起的重要基础（Miroudot and Nordstrm，2020）。实际汇率和贸易失衡等因素对保护主义具有深刻影响。Oatley 利用 20 世纪 70 年代末至 2004 年 6 个工业化国家反倾销调查数据研究发现，实际汇率变动对贸易保护主义兴起具有明显的促进作用（Oatley，2010）。Delpeuch 等考察了 2010 年以来贸易不平衡在保护主义抬头中的作用发现，双边、多边贸易失衡以及实际汇率升值是导致一国发起保护主义的重要诱因（Delpeuch，et al.，2021）。贸易保护与自由贸易理论的研究构成了考察国际经贸规则重构的内在机理的理论基础。

二是关于国际贸易保护主义的新形态、新特征及其经贸规则重构情况的研究。从形态及手段看，近年来贸易保护主义的手段更加多样和隐蔽，除传统的关税、配额等数量手段外，还增加了技术性贸易壁垒、绿色壁垒、劳工和社会责任壁垒等新措施（范丽娜，2008；赵瑾，2005）。

从特征和趋势看，全球贸易保护主义呈现若干新动向，包括：保护领域从商品贸易转向环保、劳工、投资领域（程大为，2010），保护部门从农业、纺织、钢铁等结构性危机部门转向新兴产业和高科技领域（鲁晓东，许罗丹，2017），"双反"等保护措施隐蔽性增强（张晓霞，2007），保护国从发展中经济体向发达经济体转变（张二震，戴翔，2017），对劳动力、资本、知识产权等流动的保护和管制加剧（杨海波，2018），对"公平贸易""对等贸易"和双边手段更为强调（唐宜红，张鹏杨，2017），数字化智能化等新领域成为保护主义高发区（张丽娟，2019），政府采购、区域主义等利用 WTO 等经贸规则漏洞的保护主义更加严重（盛斌，李德轩，2010）。

三是测度贸易保护水平的研究。既有文献使用的测度方法包括关税变异系数、非关税壁垒覆盖率、贸易加权平均关税率等（Bas，2012），但这些测度方法的经济学含义有待增强。为此，Anderson and Neary（1994），Anderson and Neary（2003）基于一般均衡框架提出具有较强经济学含义的贸易限制指数（TRI）方法。该方法在应用中不断向农业、服务贸易等领域的保护主义扩展，计算方法也不断改进（倪红福，等，2020）。最近，Suwanprasert（2020）在不变替代弹性（CES）条件下，推导出能够测量非关税壁垒的贸易限制指数，成为该领域的最新进展。另外，研究中也有文献采用其他测度方式，如 Gregori（2021）利用 KOF 全球化指数的特定部分测度贸易保护主义情况及其与国际贸易的关系。在关税等传统保护主义手段的测度和研究方面，Kee 等（2013）对 2008 年至 2009 年间约 100 个国家的贸易政策变化及其相关贸易影响进行的量化研究表明，该时期贸易保护主义没有普遍加剧，出台的关税、反倾销税等措施对世界贸易下降的解释力不足 2%。Nicita 等（2010）利用 2008 年金融危机后关税表构建了总体贸易限制指数，说明了一国贸易政策立场。

四是关于保护主义的经济后果研究。从关税等传统贸易保护主义的宏观经济后果看，既有研究表明，保护主义通常不是刺激经济的有效手段。Durusoy 等（2015）对金融危机以来各国对外贸易、金融和资本市场、货币市场、劳动力市场等方面采取的保护主义政策研究发现，保护主义并非应对危机的有效方法，并且会造成其他经济体的反弹和负外部性溢出。Potrafke 等（2020）采用合成控制法研究 19 世纪 80 年代瑞典从自由贸易转向贸易保护政策的福利后果发现，没有证据表明贸易保护刺激了经济增长。Barattieri 等（2018）使用高频贸易政策数据 VAR 回归，研究贸易保护主义对宏观经济波动的影响，发现贸易保护主义在短期内会造成供应冲击，导致产出下降和通胀上升，对贸易平衡的影响有限，不是刺激宏观经济的有效工具。已有文献对 2017 年以来美国保护主义的增强进行了深入研究，发现加征关税等保护手段并未有效改善美国经济效益。比如 Fajgelbaum 等（2020）研究了 2018 年美国提高关税对美国自身的经济后果发现，加征关税导致美国进出口大幅下降，并且完全转嫁到商品含税价格中，对消费者和购买进口产品的公司造成的损失为 510 亿美元，占 GDP 的 0.27%。Larch & Lechthaler（2011）的研究发现，国际金融危机爆发后，"购买美国货"、关税、出口补贴等贸易壁垒无法有效应对经济下滑，其效力明显低于一般性政府支出，甚至会降低总产量。Cheong & Tongzon（2018）采用可计算的一般均衡方法，评估美国贸易保护主义对中日韩以及东盟的影响。研究发现，美国进口关税的提高会导致美国以及适用进口关税提高的相应国家或地区的经济损失。美国贸易保护主义的增强只会将东亚国家推向更深的经济一体化，对全球贸易和投资格局产生严重影响。Gunnella & Quaglietti（2019）从全球视角对 2017 年以来贸易战的经济后果进行分析，发现贸易战削弱了经济主体信心，打断了全球产业链供应链，对世界经济产生冲击。Li & Whalley（2020）研究了美国贸易保护主义对美国自身的影响。该研究通过一般均衡模型模拟发现，美国的贸易保护措施减少了美国的制造业产品需求和就业，如果贸易伙伴采取报复措施，这些损失将进一步增加。Barattieri & Cacciatore（2020）利用垂直的生产联系来估计贸易保护主义对就业的动态影响发现，临时贸易壁垒（TTB）对受保护产业影响微弱，但对下游行业就业具有严重损害。

从关税等传统贸易保护主义的结构性经济后果和再分配效应看，学者们从国际层面和国内层面两个方面入手开展研究。从国际层面看，不同国家在贸易保护主义中的地位是非对称的，研究发现经济实力较强的国家通常抵抗力较强（Li, et al., 2018），最不发达国家在贸易保护主义中最为脆弱。Ritzel & Kohler（2017）考察了瑞士与最不发达国家贸易的准试验情况，发现瑞士实施贸易保护主义将导致最不发达国家农产品出口大幅下降，证明了上述观点。从国内不同群体看，保护主义通常造成一部分人受损、另一部分人受益的福利格局。Lechthaler & Mileva（2018）发现，贸易保护主义产生于进口关税的短期分配效应：虽然贸易保护主义从总体上看损害了经济，但进口竞争行业中的非熟练工人却从中受益，他们成为保护主义的支持力量。

从劳工、环保、数字壁垒等非关税保护手段的经济后果看，既有研究发现这些手段在具有保护效应的同时，也存在明显的异质性后果。比如，Kinzius 等（2019）利用引力模型和全球贸易警报数据库，研究非关税壁垒对进口的影响，发现其贸易抑制作用与反倾销税等措施相似，诸多边境措施大大降低了进口准入的便利性。Yalcin 等（2017）研究非关税壁垒的经济后果发现，2010—2016 年，非关税壁垒的使用稳步增长，在贸易保护措施中占比从 54% 增至 61%。非关税壁垒的使用使双边进口额平均下降 12%，解释了全球贸易增长放缓的 16%。Kirpichev & Moral-Benito 以西班牙为例，研究非关税壁垒（NTB）对 2009—2013 年期间出口增长的影响发现，非关税壁垒降低了公司层面和产品层面的出口增长，并对其他公司的生产率增长产生了冲击。与此同时，不同情况下，各类保护手段的效果也存在差异。比如，Carrre 等（2017）研究贸易协定中的劳工条款的经济效应发现，劳工条款对双边贸易流影响总体上不显著，但低收入国家会受益于南北贸易协定中的劳工条款。Aaronson（2019）研究了审查、信息过滤、本地化要求以及"网络战略"等"数字保护主义"新形态的经济后果。另外，关于贸易政策不确定性的贸易抑制效应越来越明显，已经成为保护主义的一种"新变体"。Handley & Limao（2017）根据其构建的贸易政策不确定性（TPU）指标发现，贸易政策不确定性越高，对商品价格、消费者福利、就业等的负面冲击就越明显。

（二）国际经贸规则演进的动力机理与影响因素

一是关于国际经贸规则的演进机理研究。从演进机理看，李向阳将国际经济规则的形成机制分为以国际组织为依托的多边机制、以大国俱乐部为核心的多边机制、以区域贸易协定为主体的区域机制、大国之间的双边机制、以大国政府为主导的单边机制、以非政府组织为主导的其他机制等六类，并认为各国在规则制定方面的能力差异决定了规则的制定必然受霸权国及其盟友主导，现行国际规则的最大受益者就是美国（李向阳，2006）。而普特南（1988）提出了双层博弈理论解释国际规则形成，他认为国际经贸规则谈判中，政治家一方面要在谈判层面争取本国利益的最大化，另一方面又要满足国内利益集团的诉求，国际与国内两个层面双向互动，共同促使国际规则谈判的推进和规则的形成。Ommeren 等（2021）则通过分析欧盟的市场准入战略与对外贸易壁垒，发现政治博弈能力对规则制定具有明显影响；欧盟在与政治经济实力较弱的国家制定国际贸易规则时享有更大的谈判权，这对于理解规则重构的内在机理提供了参考。

有学者根据政治经济学经济基础与上层建筑辩证运动规律分析国际经贸规则演进机理。东艳（2021）基于马克思唯物主义历史观，根据经济基础和上层建筑矛盾运动的原理开展研究，指出国际经贸规则是国际上层建筑的组成部分，其演进由作为经济基础的国际生产分工及分配模式所决定。国际经贸规则变化的根本动力是经济全球化模式调整及其引发的国际生产分配关系的调整，核心机制有三：其一是跨国公司主导的全球价值链分工的构建及发展，使生产跨越一国发展，迫切需要与之相适应的新规则来加以协调；其二是技术冲击、数字经济等所催生的新型国际生产和分工模式，需要新的规则加以规范；其三是大国经济实力的变化，使利益分配格局发生调整，需要适应新的格局的新规则来加以确认。

二是关于国际经贸规则的影响因素研究。从影响因素看，既有文献分析了影响经贸规则重构的限制条件、治理结构、外部挑战、经济效率等问题。Deming（2016）发现 2008 年国际金融危机发生后，以 G20 和相关国际组织为代表的治理平台面对危机暴露出一系列问题，亟须完善现有规则；同时，新兴经济体和大多数发展中国家希望建立一个更具竞争力的经济体系，以此平衡国际治理模式，增加他们的发言权。这两个因素共同构成了国际经贸规则重构的动力。Dullien 等（2020）指出了贸易保护主义加剧对经贸规则重构的推动作用，发现当前紧张的全球贸易局势和逆全球化现象，会对相关国家和经济领域造成严重的损害，强化了各国对开放贸易和经济发展的渴望，这恰恰推动了国际经贸规则的重构。Eckhardt 等（2021）认为，一国积极参与国际经贸规则重构的动机和影响因素如下：其一是希望进入关键进出口市场；其二是促进区域生产网络形成；其三是解决资源安全问题；其四是提升地缘战略利益和政治影响力；其五是受 FTA 等自贸协定的推动和影响。

不少学者从全球价值链角度研究经贸规则演变的动力和影响因素。王金强（2020）认为，全球价值链的出现对国际生产、国际贸易、国际投资和大国关系都产生了深远的影响，已经触及世界的每一个角落，发达经济体成为全球价值链的最大赢家，国际经贸规则随之不断演进。刘乃郗（2020）认为，全球价值链深化发展不断重塑全球经贸格局，也与旧的国际经贸规则体系产生激烈冲突，主要表现有三：其一是边境规则争端加剧；其二是规则争端不断从边境向边境内转移；其三是围绕发展中国家待遇问题的争议越来越大。这些变化和冲突的深层次原因均是由于旧的国际经贸规则体系已无法适应全球价值链时代国际经贸格局的现实需要。

（三）国际经贸规则演变的趋势与推进思路

关于国际经贸规则重构和演进的趋势，学界开展了深入的研究，主要包括如下几个方面。

从国内看，赵硕刚（2019）提出国际经贸规则六大变革趋势：一是原产地标准由单一标准向多标准综合适用转变，对敏感产品制定严格复杂的原产地规则，将降税优惠锁定在自贸区范围内；二是知识产权保护扩大了客体的范围，强化知识产权保护执法措施；三是服务业开放承诺采用"负面清单"和准入前国民待遇模式，重点推进金融和电信业开放，设定更为清晰明确的自然人流动的承诺；四是数字贸易规则承诺数据跨境传输免征关税，强调源代码、个人信息保护和网络安全，允许数据跨境自由流动和禁止数据强制本地化要求逐步成为共识；五是劳工条款规范了核心和经济性劳工标准，环保条款标准和执法更为严格，并与可持续发展相结合；六是竞争政策突出营造公平和自由的竞争环境，以竞争中性原则规范国有企业和指定垄断企业行为，确保市场竞争主体的公平地位。王晓红等（2019）认为，零关税、零壁垒、零补贴的"三零"国际经贸规则已经成为国际经贸规则变革的重要趋势，并分析了美欧日等在"三零"规则方面的主要进展。郝洁（2016）认为，当前国际经贸规则正在经历重构，WTO多边规则体系艰难推进，超大型区域贸易协定将成为构建新的国际经贸规则体系的重要平台，并且高标准、广覆盖的贸易投资规则正在逐步成型。翁国民与宋丽（2020）认为，国际经贸规则的发展趋势主要表现在四个方面：从规则重构方式来看，主要以双边、区域一体化为主；从"非市场经济国家"条款的加入来看，美西方质疑中国的市场经济国家地位，加大对我国保护主义打压态势明显；从新规则制定看，数字贸易的蓬勃发展与相应的国际规则缺失严重不对称；从国际投资态势看，投资管理及争端呈现回归国家化管理趋势。

从国际看，Thurbon（2021）研究发现，21世纪初以来，特惠贸易协议成为国际经贸规则制定的主要形式，在许多方面的重要性甚至超过了世贸组织。Deming（2016）认为，2008年国际金融危机以来，国际经贸规则重构具有如下趋势：一是促进对外市场开放和投资贸易自由化仍然是新一轮国际经贸规则重构的主要方向；二是各种利益集团围绕重构国际经贸规则的竞争愈演愈烈；三是国际经贸规则重构呈现多元化发展趋势。

关于中国参与和引领国际经贸规则重构的思路和对策，学界开展了深入的分析（李猛，2018；张军，佃杰，2017）。比如，韩立余（2019）认为，中国构建国际经贸新规则应对采取三个方面举措：第一，应当坚持非歧视原则，捍卫多边贸易制度；第二，积极争取参加已有的开放性的贸易协定，积极推动缔结新的贸易协定；第三，妥善处理涉及中国宪法制度的问题，关于劳工罢工权等与我国现行宪法和法律相抵触的内容，在宪法没有做出调整之前应坚定不移严守底线。刘志中和王曼莹（2016）认为，中国应当积极应对国际经贸规则演变，采取三个措施：一是提升对外贸易国际竞争力，包括提升出口产品技术含量和品质，培育新型贸易方式，推动自贸试验区制度创新；二是推动外贸结构调整，包括调整国际市场结构、外贸商品结构和优化外贸方式；三是加强与"一带一路"共建国家开展合作，包括深化贸易领域合作，提高贸易便利化水平，妥善应对贸易摩擦。

（四）经贸规则重构的重点领域研究

目前关于国际经贸规则重构的研究热点和焦点主要集中在如下几个方面：

一是数字贸易规则。Elms（2016）通过考察中国、日本、韩国等国家立法和监管变化发现，世界各国政府在处理电子商务和数字贸易方面的措施存在很大差别，尚未形成统一的"最佳实践"的标准，监管碎片化情况严重；主张数字贸易应该在区域或全球层面上处理，并最终走向全球。Mishra 等（2020）认为，未来的数字贸易协定必须包含允许所有服务部门自由跨境数据流动的条款，禁止强制数据本地化，实施国际标准的数据保护和隐私保护政策，为数据流动提供最大便利。Lacey（2017）主张及时制定一套全新的贸易规则，充分包含非歧视、开放市场和公平竞争等基本原则，其例外规定应充分考虑透明度、对称性、必要性和多方利益相关者协商等因素。

二是知识产权保护规则。Meltzer（2016）研究发现，采用平衡版权规则以及合理使用其他限制的国家能够比使用封闭版权的国家获得更高的收益，更加有利于本国的研发创新，并且能够产生更多的就业机会。

三是国有企业规则。大部分研究以竞争中性为核心。Lee（2017）认为，随着国有企业成为国际市场上有影响力的参与者，与私营企业在不平等的基础上展开竞争，为国有企业与私营企业创造公平竞争的环境成为重要问题，但目前这方面规则仍比较欠缺。

四是服务贸易规则。国内相关机构（2020）梳理了目前服务贸易相关规则的焦点议题，主要包括四个方面：一是新一代服务贸易规则谈判呈现高标准、强约束特征；二是数字贸易成为国际规则博弈的焦点；三是在大型区域贸易协定中禁止"当地存在"条款以促进服务跨境；四是服务贸易协定谈判（TISA）多边化将带来巨大压力。

五是零关税、零补贴、零壁垒（"三零"）规则。该规则在特朗普

G7 加拿大峰会首次提出后便成为美欧高标准 FTA 的重要方向。郭智（2020）认为，美国基于"美国优先"提出"三零"规则的实质是规避新一轮全球化带来的要素收入变动对美国产生的不利影响。张茉楠（2020）认为，"三零"规则已构成新一轮区域自由贸易协定谈判的前沿性议题。"零"并非意味着立即取消，而是一个渐进过程，将最大限度地消除绝大多数贸易品的关税、各种非关税壁垒和各种扭曲市场价格的产业补贴作为推动目标，纳入各类 FTA 和国际经贸规则重构之中。

三、关于以 WTO 改革为牵引的经贸规则重构研究

（一）WTO 规则面临的问题与挑战

从规则谈判难度看，WTO 多边谈判困境重重，规则明显滞后于现实发展的需要，且面临内部矛盾也越来越多。张茉楠（2020）认为，WTO 在农业和关税壁垒等传统议题上迟迟无法达成一致，难以适应全球价值链、服务贸易和数字贸易等国际贸易新模式发展的要求。李双双和卢锋（2020）认为，WTO 在多方面议题谈判上分歧明显、内部斗争激烈，发展中成员和发达成员之间的矛盾越来越无法调和，WTO 规则体系的改革任重而道远。Flach（2021）认为，乌拉圭回合后，WTO 面临多边主义停滞不前，新保护主义措施的数目超过新自由化政策，以及新冠肺炎疫情危机导致国际合作中断等挑战。

从具体规则看，已有研究围绕 WTO 的竞争政策、补贴、健康等规则展开深入研究。在竞争政策方面，Anderson 等（2018）认为，竞争政策是全球经济法律和体制框架的一个基本要素，主要涉及全球价格操纵、滥用高科技网络的数字行业垄断、跨国能源市场、知识产权、国有企业和产业政策等问题，未来竞争政策亟待在以 WTO 为核心的国际贸易体系框架内达成普遍协议。在补贴方面，Koh 和 Lee（2020）从理论上对 WTO 研发补贴规则的两个关键标准——特殊性和不利影响进行了研究，

发现当一国为扩大出口边界时，特定目标的研发补贴在不受监管的情况下总是被作为以邻为壑的政策用于改变贸易模式，不仅不能带来创新，还会对 WTO 规则的有效性造成损害。在健康等方面，Pepita 等（2018）关注 WTO 框架下与食品、饮料和烟草相关的贸易规则适用性问题，发现关于是否应用 WTO 的规则来阻止政府引入旨在预防非传染性疾病的食品、饮料和烟草法规的做法存在争议。

（二）关于争端解决机制和上诉机构

近年来，美国对争端解决机制的质疑与阻挠使得 WTO 乃至整个多边贸易体系面临巨大危机，争端解决机制的研究成为重要热点。石静霞（2019）认为，美国对上诉机构成员选任的持续阻挠是 WTO 争端解决机制和上诉机构面临危机的直接原因，WTO 争端解决机制的危机从更深层次看，反映了近年来逆全球化趋势、WTO 成员经济力量对比变化和合法性危机等世界经济格局调整下的多边主义困境。屠新泉和石晓婧（2021）研究了美国从争端解决机制的建设者转变为破坏者的原因，提出美国对主权观念的坚持、争端解决机制对其约束加强以及国内外形势变化是三大重要因素。于鹏（2019）指出，美国无视争端解决机制对他国采取单边主义措施、恶意干涉上诉机构法官任命等举措直接阻碍了 WTO 争端解决机制的正常运行。

（三）关于决策机制

已有研究对 WTO 决策机制效率进行的深入分析，对"协商一致"的做法表示担忧。周跃雪（2017）指出，随着发展中国家成员综合国力和谈判能力的提升，发达国家成员长期把持议题设定和谈判进程的现象将一去不复返，"协商一致原则"已经无法适应 WTO 成员实力格局的变化。同时，WTO 谈判和决策机制本身在参与度、透明度和效率等方面存在的问题也使得多边贸易协定遭遇发展瓶颈，"绿屋会议"的合法性、参与度和不透明饱受质疑，"主要供应国原则"导致谈判破裂，"一揽子承诺"

造成谈判僵局。

（四）关于监督与透明度

WTO 在透明度方面的挑战主要源于各成员国在推动和配合监管方面的异质性。Pedersen and Diakantoni（2020）指出，由于世贸组织成员积极推动和促进透明度的意愿程度存在差异，WTO 的监督工作面临重大挑战，包括：确保成员高度参与贸易监督工作，注意秘书处与成员之间的利益相关关系，继续扩大贸易监测活动的覆盖范围，保持与外部世界的相关性等。

第二节　研究意义

当前世界正处于百年未有之大变局，其中，国际经贸规则重构构成了大变局的重要内容，也成了推动大变局进一步演进的重要动力。在国内外发展环境和发展条件深刻变化的背景下，加强大变局背景下经贸规则研究具有重要意义，其主要体现在如下四个方面：

第一，这是有效应对中美贸易摩擦、更好参与和引领经济全球化进程的内在要求。作为当今世界最重要的双边关系之一，中美关系稳定发展不仅有利于两国，而且惠及全世界。然而，自 2017 年以来，美国贸易保护主义、贸易霸凌主义不断加剧，中美两国在国际经贸规则领域的博弈明显上升。

自第二次世界大战结束以来，国际经贸规则实现了从货物贸易向服务贸易，从贸易向投资、知识产权以及发展援助等议题的不断演进。当前，新一轮国际经贸规则重构正在展开。一方面，世界贸易组织多哈回合谈判举步维艰，国际多边自由贸易体制的有效性和权威性有待进一步提升，发展中国家发展利益和政策空间仍需保障。受自身结构性因素影响，部分发达国家在参与全球经贸合作过程中感到力不从心甚至认为是"吃了亏"，它们加快推动世贸组织改革的真实意图就是想另起炉灶、让我们买"二次入场券"，我国在世界经济中面临被边缘化的风险。另一方面，部分国家希望通过重构全球经贸规则、打造排他性高标准自贸安排等方式对发展中国家施加更大的国内开放压力，更好维护自身利益。2018 年底，美国联合加拿大、墨西哥共同签署"美国—墨西哥—加拿大协定"，标志着美国完成了北美经济板块经贸规则的重新整合。该协定实质是"跨太平洋伙伴关系协定"核心条款的卷土重来，其中"毒丸条款"等排他性安排的负面影响不容忽视。此外，发达国家要求我国承担更多的国际责任和义务，部分发展中国家对我国在国际扶贫、对外援助等方面的期待也越来越多，我国在国际经贸合作中的成本恐将进一步提高。

第二，这是顺应世界经济发展趋势、构建开放型世界经济的应有之义。从当前世界经济发展态势看，两种趋势相互交织。一是全球经济增长长期停滞风险加剧，以货物贸易、跨国投资为代表的传统的经济全球化动力失速，在此影响下各国贸易保护主义日渐得势，国际经贸合作面临暂时挫折。二是新一轮科技革命和产业变革蓬勃兴起，5G（第五代移动通信技术）、物联网、大数据、云计算等新技术推动"地球村"加速到来，促进跨境电子商务和数字贸易蓬勃发展，服务贸易迎来新的发展浪潮，全球经贸合作新领域不断开辟、新动力不断涌现。两种趋势对国际经贸规则重构造成截然相反的诉求，世界经济进步还是后退、开放还是封闭的矛盾鲜明地体现在国际经贸规则的重构问题上。

在两种趋势相互交织、经贸规则局面错综复杂的背景下，更需要从世界经济发展的未来趋势与客观诉求角度研究我们到底需要什么样的国际经贸规则，什么样的规则才是最适应世界经济前进方向、代表全球各国未来前途。

第三，这是推动全球经济治理体系改革、更好维护我国发展利益的关键环节。进入 21 世纪以来，国际形势和力量对比不断朝着有利于和平与发展的方向演变。新兴经济体和一大批发展中国家群体性崛起，在国际事务中的话语权和影响力明显增强，在全球经济治理中发挥的作用上升，打破了数百年来由西方少数国家垄断国际事务的局面，深刻地改变着世界地缘政治格局和地缘经济版图，成为影响国际关系和国际格局调整的重要因素。联合国开发计划署发布的《2013 年人类发展报告》指出，南方国家崛起的规模和速度史无前例，其中，中国和印度在过去 20 年内人均产出增加了 2 倍，所惠及的人数约为工业革命时的 100 倍；南方的崛起正以 150 年以来从未有过的方式走向新的平衡。随着全球力量对比格局"南升北降""东升西降"态势进一步明朗，各国对坚持共商共建共享原则，以制度化、规则化方式公正合理有效地解决国际事务的诉求越来越强烈。这些都成为反对霸权主义和强权政治、维护世界和平与稳定的重要力量。

过去数十年，国际力量对比发生深刻调整，新兴市场国家和发展中国家对全球经济增长的贡献率已经达到80%，但全球经济治理体系未能反映这一新格局和广大发展中国家的普遍诉求，代表性和包容性仍然不够；全球贸易投资规则未能及时跟上全球产业布局新调整，机制封闭化、规则碎片化问题限制了全球贸易投资的快速发展；而全球金融治理体制的滞后导致其在防范和化解国际金融市场频繁动荡、资产泡沫积聚等问题上无所作为。全球经济治理体系存在的这些弊端对发展中国家构成挑战，而治理体系的改革则是以我国为代表的广大发展中国家面临的重要机遇。我国是世界第二经济大国、最大货物出口国、第二大货物进口国、第二大对外直接投资国、最大外汇储备国、最大旅游市场，在共建"一带一路"、金砖国家合作、上海合作组织、二十国集团等机制中发挥建设性作用，在国际合作中"朋友圈"越来越大，具有参与全球经济治理并发挥更大作用的充足条件。积极参与全球经济治理体系改革，推动全球经济治理体系变革朝着有利于我国的方向发展，有利于更好地促进开放型世界经济发展，为我国发展营造更为宽松的外部环境。

第四，这是进一步深化体制改革和扩大对外开放、加快构建"双循环"新发展格局的重要保障。改革开放是决定当代中国命运的关键抉择。进入新发展阶段，构建新发展格局，是事关全局的系统性深层次变革，必须继续用足用好改革这个关键一招，这是我国发展的历史经验、前进方向、发展逻辑使然。构建新发展格局，是根据我国发展阶段、环境、条件变化做出的重大决策，明确了我国经济现代化的路径选择，事关我国发展全局，是新发展阶段要着力推动完成的重大历史任务。

当前，我国经济下行压力有所加大，自主创新能力有待提高，关键核心技术"卡脖子"问题依然突出。在此背景下，推进新一轮体制改革和对外开放具有更加重要的意义。在我国改革开放呈现千帆竞发、百舸争流的重要关头，必须牢牢坚持对标世界最高水平开放形态、对接国际高标准经贸规则，实现从跟跑向并跑进而向领跑的关键跨越，更好促进改革创新，扩大对外开放，实现内外循环良性互促，助力构建新发展格局。

第三节　研究思路与路线图

一是从研究视角上，本书跳出从中国或者任何一个国家立场出发的框架，从国际经贸规则演变和重构的基础动力和客观趋势角度把握国际经贸规则演进方向，为思考未来一个时期世界经济发展方向、经济全球化发展进程以及我国参与经济全球化面临的外部环境提供了一个本底分析，也为我国更好参与和引领国际经贸规则变革、妥善应对中美经贸摩擦提供有效参考。

二是从研究的现实应用上，本书将国际经贸规则的重构方向与我国基本经济社会制度和改革开放的推进方向进行对标分析，寻找两者之间的一致性和差异性，为我国应对国际经贸规则重构、构建新发展格局、进一步推进改革开放提供支撑。

三是从研究方法上，本书综合采用定量分析与定性分析、文献研究与政策研究、案例分析与比较研究等方法，从理论和实践角度回答国际经贸规则重构的基本趋势与对我国的机遇挑战，为提出针对性的政策建议打下基础。

本书的技术路线图如图 1-1 所示。

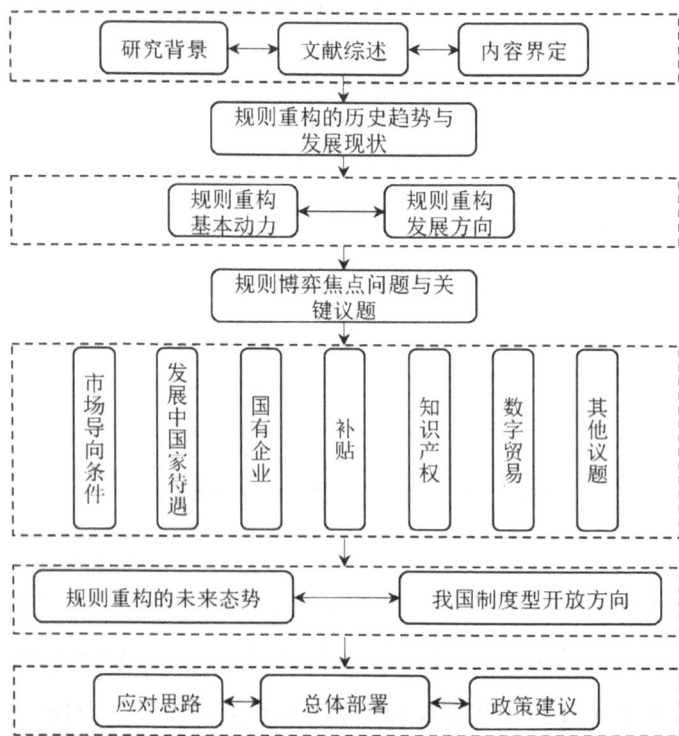

图 1-1 技术路线图

资料来源：作者绘制。

第二章　国际经贸规则演变的历史与发展现状

总体而言，国际经贸规则体系主要包括两个部分。一是"主体部分"，即以 WTO 为代表的多边经贸规则。该部分是国际经贸规则的主渠道，不仅涵盖了国际经贸规则的主要议题，而且其基本原则也贯穿在 FTA 以及专项经贸规则等其他领域中去，在国际经贸规则体系中具有中心位置。WTO 改革是当前和未来国际经贸规则重构的主战场之一和"必争之地"。二是"两翼部分"，即以各类双边和区域性 FTA 为代表的自贸安排，以及以国际投资规则等为代表的专项规则体系。这些规则从法理上是嵌入在 WTO 规则体系之下的，与 WTO 规则内在一致，只是在具体领域上有所侧重。在 WTO 多边规则发展进程遇阻时，"两翼"往往能够发挥更为灵活和多样化的规则创新引领作用。

第一节　以 WTO 为代表的多边贸易规则

WTO 是全球自由贸易的组织者推动者，素有"经济联合国"之称，兼具管理、协调、组织、提供、调节等职能，在全球经贸投资合作中具有举足轻重的作用。

一、WTO 的发展历程

从历程看，以 WTO 为代表的多边贸易体制起源于 20 世纪 30 年代"大萧条"及其引发的对贸易保护主义的反思。大萧条中，各国纷纷加征关税、以邻为壑，奉行贸易保护主义。其中，美国于 1930 年通过的《斯姆特—霍利关税法》是其典型代表。该法案提高了 890 种商品的进口税率，将农产品和原材料的平均进口税率升至 48.92%，将其他商品的平均进口税率升至 34.3%。该法案引发了关税战，在这场关税战中 45 个国家相继提高关税。这一做法大大加重了大萧条的经济损失，并间接引发第二次世界大战。痛定思痛，战后的世界迫切需要多边自由贸易的体制。

战后建立的多边贸易体制是关税及贸易总协定（GATT），它是 WTO 的前身和先导，其决策程序等一直延续至今。1944 年，布雷顿森林会议提出建立"世界贸易组织"的构想，但由于美国国会的反对，该计划告终，退而转向建立关贸总协定。1947 年，《关税及贸易总协定》正式签署，并于 1948 年 1 月 1 日起生效。历史地看，GATT 从 1948 年至 1995 年共存在了 47 年。在这一时期内，GATT 成功地推动了世界贸易的大幅增长，为世界经济恢复和繁荣发展做出了重要的贡献。另一方面，我们也不能忽视 GATT 本身存在的一系列内在缺陷，包括：该协定只是一个临时性协定而非正式组织，其管辖对象只是货物贸易而不包括其他领域，在争端解决方面 GATT 缺乏权威性和执行力。随着国际贸易的不断发展，GATT 的局限性也日益暴露，新的多边贸易机构的建立是时代的呼唤。

从 GATT 到 WTO，世界多边贸易体制在自 1947 年前以来的近 70 年的时间里，经历了四个发展阶段，取得了丰富的成果和辉煌的成就（见表 2-1）。

表 2-1 多边贸易体制谈判和发展历程

阶段	谈判回合	地点	谈判时间（国家）	谈判主题	谈判成果
起步阶段	第一轮多边贸易谈判	瑞士日内瓦	1947.4—1947.10（23 国）	关税	15000 税目关税减让
	第二轮多边贸易谈判	法国安纳西	1949.4—1949.10（33 国）	关税	5000 税目关税减让，9 个税目加入
	第三轮多边贸易谈判	英国托奎	1950.9—1951.4（34 国）	关税	8700 税目关税减让，4 个税目加入
	第四轮多边贸易谈判	瑞士日内瓦	1956.1—1956.5（22 国）	关税	关税少量减让
	第五轮多边贸易谈判（狄龙回合）	瑞士日内瓦	1960.9—1962.7（45 国）	关税	4400 税目关税减让
发展阶段	第六轮多边贸易谈判（肯尼迪回合）	瑞士日内瓦	1964.5—1967.6（48 国）	关税及反倾销措施	平均关税降低 45%，33000 税目关税受限，反倾销和海关估价达成一致
	第七轮多边贸易谈判（东京回合）	瑞士日内瓦	1973.09—1979.04（99 国）	关税、非关税措施及各项框架性协议，如进口许可程序、海关估价、技术性贸易壁垒、牛肉及国际乳品协议等	OECD 制造业进口平均关税下降三分之一至 6%，自愿行为规范机制同意除保障措施之外的所有非关税措施
形成阶段	第八轮多边贸易谈判（乌拉圭回合）	瑞士日内瓦	1986.09—1994.04（开始时 103 国，结束时 117 国）	关税、非关税措施、服务贸易、知识产权、争端解决、纺织品、农业、设立 WTO 等	平均关税消减三分之一，农业和纺织品服装受到规则限制，WTO 建立，服务和知识产权新协议，大多数东京回合规则适用于 WTO 成员
新阶段	多哈回合	卡塔尔多哈	2001 年至今（开始时 150 国）	农业、非农产品市场准入、服务贸易、规则、争端解决、知识产权、贸易与环境以及贸易与发展	谈判进行中

资料来源：作者整理，并结合 Hoekman and Kostecki，2001，The Political Economy of The World Trading System，Oxford University Press。

第一，世界多边贸易体制的起步阶段。从第一轮多边贸易谈判到第五轮多边贸易谈判（狄龙回合）是多边贸易体制的起步阶段，这个阶段谈判的重要目标是关税问题。在前三轮的日内瓦、安纳西和托奎回合中，各成员国达成了富有成效的关税减让成果，尤其是托奎回合取得重大成果，缔约方同意保持日内瓦和安纳西回合的大部分承诺，并且在协定中增加了8700个税目产品。

在前三轮谈判的基础上，第四轮日内瓦回合谈判促使关税得到进一步的削减，大约五分之二的国际贸易中的关税不再提高。但是，谈判面临发展中国家在多边贸易体制中的地位问题的困扰，而且欧共体的一体化加快也对多边贸易体制构成一定的挑战。

在这种背景下，第五轮狄龙回合多边贸易谈判于1960年启动。在传统的关税谈判的同时，该回合的重要目标是将六个欧共体成员的关税表调整成一个统一的适用于非欧共体成员的关税表。如果欧共体成员想偏离这一规则，他们必须提供其他商品的关税减让作为补偿。狄龙回合取得了比较理想的结果。

第二，世界多边贸易体制的发展阶段。第六轮肯尼迪回合和第七轮东京回合是世界多边贸易体制的发展和巩固阶段。肯尼迪回合是第一个超越关税而处理若干非关税措施的回合，发展中国家对能够为自己提供新的出口机会的渴望和美国加强大西洋国家团结的目标共同推动肯尼迪回合的进程。肯尼迪回合取得了实质性的进展，关税减让收效显著，谈判各方首次同意将农业问题作为重要议题，并且对发展中国家给予较高的关注。

东京回合在肯尼迪回合成功的基础上提出了当时最广泛的议题，但是开始不久便在农业问题、发展中国家待遇问题以及关税问题方面陷入困境。最终，东京回合达成了一定的实质性关税减让，并且通过了《海关估价协议》《进出口许可程序协议》《政府采购协议》《补贴与反补贴措施协议》《技术性贸易壁垒协议》和《反倾销协议》等有关非关税措施的协议，见表2-1。

　　第三，世界多边贸易体制的形成阶段。乌拉圭回合是世界多边贸易体制的形成阶段。从 1986 年开始，乌拉圭回合开始进行谈判，根据 9 月 20 日通过的《埃斯特角城宣言》，将对关税、非关税措施、热带产品、自然资源产品、纺织品和服装、农业、GATT 条款、保障措施、东京回合守则、补贴和反补贴措施、争端解决、与贸易有关的知识产权、与贸易有关的投资措施、GATT 体系的运行和服务贸易等议题进行谈判，并成立 15 个谈判小组。但是谈判很快陷入了困境，直到 1993 年，僵持的局面才开始缓和，在市场准入、制度和服务等方面取得显著进展。1994 年 4 月，乌拉圭回合在摩洛哥的马拉喀什取得圆满成功。谈判通过了 WTO 宪章，并有四个附件。附件 1 包括三个主要协议，分别涵盖货物（GATT1994 和 18 个相关协议）、服务（GATS 和附件 1B）和与贸易相关的知识产权；附件 2 是《争端解决谅解》；附件 3 是《贸易政策审议机制》；附件 4 是四个诸边协议。

　　第四，世界多边贸易体制的新阶段。多哈回合是世界多边贸易体制的新阶段。多哈回合的宗旨是促进世贸组织成员削减贸易壁垒，通过更公平的贸易环境来促进全球特别是较贫穷国家的经济发展。多哈回合的新议题包括农业、非农产品市场准入、服务贸易、规则、争端解决、知识产权、贸易与环境以及贸易与发展八个主要领域，其中农业问题是多哈回合最核心的内容之一，也是解决其他议题的关键所在。近年来，多边贸易体制取得一系列进展。一是 2013 年 12 月在印尼巴厘岛召开的 WTO 第九届部长级会议达成了"巴厘一揽子协定"，包括贸易便利化、部分农业议题以及发展三个部分。其中贸易便利化协议（TFA）最为引人注目，通过简化、协调和更新贸易程序，大幅降低了跨国货物流动成本。二是 2015 年 12 月，在肯尼亚内罗毕召开的 WTO 第十届部长级会议上，达成 WTO《信息技术协定》（ITA）扩围协议，25 个参加方联合发布《关于扩大信息技术产品贸易的部长声明》。这是 WTO 在 18 年来达成的首个关税减让协议，涉及产品的全球贸易额高达 1.3 万亿美元，占相关产品全球贸易总额的 90% 和全球贸易的 7%。然而，由于多哈回合谈判建立在"整体承诺"的机制之上，只有全体成员一致同意才能达成"整体承诺"的协议，因此多哈回合的谈判任务艰巨复杂。

多哈回合谈判面临如下几个方面的困难。第一，多边贸易体制的力量对比格局经历深刻调整。以中国、巴西、印度和俄罗斯为代表的金砖国家相对实力迅速壮大，美国和欧洲等发达经济体的相对力量出现下降。因此，多边贸易谈判一改过去美欧主导的格局，照顾新兴经济体和发展中国家的利益成为不容忽视的诉求，造成多边谈判的不适应和一定程度的停滞。第二，区域主义的浪潮对多边体制形成冲击。在世界经济深度一体化的大背景下，多边贸易体制始终面临区域主义的挑战。欧洲一体化的不断深化，以及美国 20 世纪末以来向区域主义的转向，都构成对多边贸易谈判的掣肘和阻碍。第三，国家间分歧加大造成 WTO 决策机制的"失灵"。近年来，多边贸易谈判中各国的利益分歧日益增加，发展中国家与发达国家的对立、新兴经济体与老牌发达国家的对立以及不同国家集团之间的对立造成多边谈判越来越艰难，而 WTO 的一致同意的决策机制和零成本退出机制使得 WTO 谈判对各国的约束力非常弱，难以应对复杂利益格局下的谈判任务。

二、WTO 的规则体系

WTO 的基本原则主要包括五个方面。一是非歧视原则。该原则包括最惠国待遇原则和国民待遇原则。最惠国待遇原则是指 WTO 成员不应在贸易伙伴之间实行歧视，给予一个成员的优惠也应同样给予其他成员。国民待遇原则是指对其他成员方的产品、服务和服务提供者及知识产权所有者和持有者所提供的待遇，不低于本国同类产品、服务和服务提供者及知识产权所有者和持有者所享有的待遇。二是自由贸易原则，即破除对贸易的障碍，着力降低关税及非关税贸易壁垒。三是可预测性和透明度原则。要求各国遵守关税税率，降低配额等不确定性措施的使用频次，对国内与贸易有关的政策举措予以及时披露，增强各国贸易政策的透明度。四是促进公平竞争原则，即成员国不能采取不公平手段提高自身竞争力，不能倾销和补贴。五是鼓励发展与经济改革原则，即对发展中国家给予特别援助和贸易优惠，促进发展中国家的发展和改革。

WTO 的运作机制主要包括如下五个方面。一是加入和退出机制。WTO 对新成员保持开放，并且任何成员都可以退出 WTO。二是决策机制。沿袭 GATT 的做法，WTO 的决策机制采取"协商一致"原则，只有无法达成一致时才进行投票表决，部长级会议和总理事会依据多数票做决策。三是争端解决机制。该机制包括磋商、专家组解决、上诉机构审议三个阶段。四是贸易政策审议机制。WTO 成员方对各成员的贸易政策，定期召开会议进行全面审议，监督各国提高透明度、加快政策披露效率，进而促进国际多边贸易体制顺利运行。五是与其他国际组织合作机制。WTO 可以与其他政府间或者非政府间国际机构开展合作，与 IMF 和世界银行的合作是其中的重要内容。WTO、IMF 和世界银行都是独立法人，三者之间没有从属关系，三者合作的目的在于更好地协调全球宏观经济政策。

WTO 的规则体系主要由四个附件组成。附件 1 分为三部分内容，分别是：《货物贸易多边协定》《服务贸易总协定》和《与贸易有关的知识产权协定》。其中，《货物贸易多边协定》包括《1994 年关税与贸易总协定》《农业协定》等一系列协定。附件 2 是关于《关于争端解决规则与程序的谅解》。附件 3 是《贸易政策审议机制》。附件 4 是《诸边贸易协定》，包括：《民用航空器贸易协定》《政府采购协定》《国际奶制品协定》和《国际牛肉协定》。这些协定共同构成了 WTO 的规则体系，见表 2-2。

表 2-2　WTO 的规则体系

附件 1	A:《货物贸易多边协定》	《1994 年关税与贸易总协定》
		《农业协定》
		《实施卫生与植物卫生措施协定》
		《纺织品与服装协定》（已废止）
		《技术性贸易壁垒协定》
		《与贸易有关的投资措施协定》
		《关于实施 1994 年关税与贸易总协定第 6 条的协定（反倾销协议）》
		《关于实施 1994 年关税与贸易总协定第 7 条的协定（海关估价协议）》
		《装运前检验协定》
		《原产地规则协定》
		《进口许可程序协定》
		《补贴与反补贴措施协定》
		《保障措施协定》
		《贸易便利化协定》
	B:《服务贸易总协定》	
	C:《与贸易有关的知识产权协定》	
附件 2	《关于争端解决规则与程序的谅解》	
附件 3	《贸易政策审议机制》	
附件 4	《诸边贸易协定》	《民用航空器贸易协定》
		《政府采购协定》
		《国际奶制品协定》
		《国际牛肉协定》

资料来源：作者根据有关资料整理。

　　WTO 的主要职能包括如下五个方面。一是组织实施 WTO 管辖的贸易协定，包括"一揽子协议"以及《政府采购协议》《民用航空器贸易协议》等不属于"一揽子协议"项下的诸边贸易协定。二是为成员处理相关协定事务提供谈判场所，为 WTO 发起多边谈判提供场所、前期准备和框架草案。三是争端解决，负责 WTO 争端解决机制。四是对成员贸易政策和贸易法规进行定期审评。五是横向协调 IMF、世界银行等国际组织，推动国际政策协调。

第二节　以 FTA 和双边投资协定为代表的双边和区域性贸易规则

WTO 是多边贸易体制的重要代表，而 FTA 则是区域性自由贸易体制的典型代表。WTO 与 FTA 谈判的各自不同的发展态势反映出世界多边贸易体制与区域性自由贸易体制的消长关系，二者共同构成国际经贸规则发展演进的重要动力和重要组成部分。

一、FTA 的发展历程与情况

推动 FTA 合作是在多边贸易谈判受阻情况下各国推进国际合作的重要方式。从历史上看，FTA 与 WTO 一直是并行不悖发展的，有时 WTO 谈判推进顺利一些，有时 FTA 谈判推进顺利一些。通常而言，二者的发展具有较强的替代性和互补性。20 世纪 90 年代以来，新生效的 FTA 数量不断增多，根据 WTO 统计，1995 年之前每年向 WTO 的前身 GATT 通报的 FTA 数量只有 3 个，1995 年之后则上升至每年 20 多个。截至 2020 年 3 月，全球生效的 FTA 为 303 个，其中关于货物贸易的 FTA 为 148 个，关于服务贸易的 FTA 为 2 个，关于货物和服务贸易的 FTA 为 153 个。

从几个主要大国 FTA 签订情况看，当前全球 FTA 签署最多的大国是德法等欧盟国家，其次是印度、日本。当前，根据 WTO 区域贸易协定数据库统计，我国签订的自贸协定数量为 16 个，仍然低于日本、印度、欧盟及主要国家的签订数量，我国自由贸易区战略仍有广阔发展空间，见图 2-1。

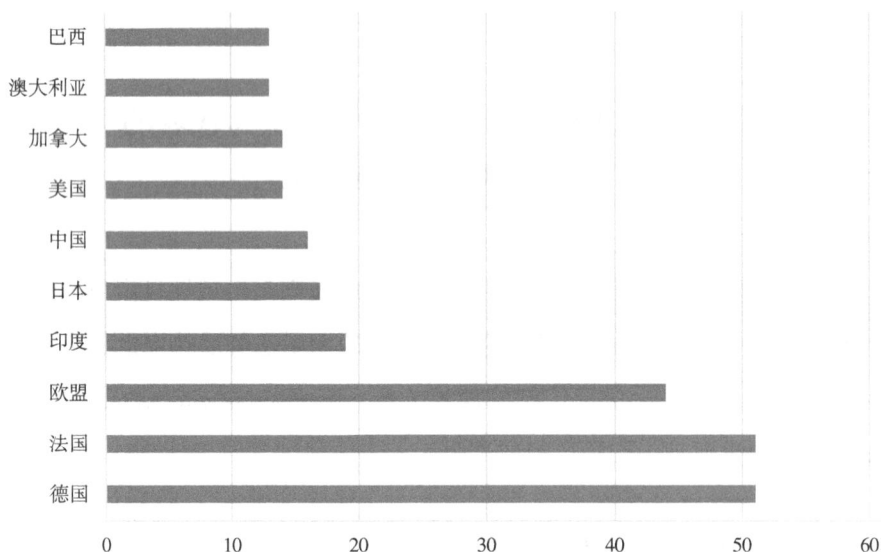

图 2-1 世界主要国家签订 FTA 数量比较

数据来源：WTO 区域贸易协定数据库，经作者整理。

二、FTA 的规则体系及其与 WTO 的比较

从进程看，多边贸易体制与区域性自由贸易体制相互交织、WTO 谈判与 FTA 谈判双向互动是国际经贸秩序演进的基本趋势。第一，早在多边贸易体制出现之前，区域性自由贸易体制就已经出现。大帝国是保障区域性贸易体制的最早形态，罗马帝国、蒙古帝国、奥斯曼土耳其帝国和后来的大英帝国都在一定意义上保障了区域性贸易体制。英国和法国早在 1860 年就签署了《科布顿—谢瓦利埃协定》，这一区域性贸易安排早在多边贸易体制出现之前就已经开始发展。第二，多边贸易体制的发展始终与 FTA 的发展相伴随，二者之间不存在明显的时间界限和时段划分。1929 年世界经济"大萧条"造成各国采取"以邻为壑"的贸易政策，导致国际贸易体系迅速崩溃，而带有明显政治色彩的区域性贸易协定则迅速发展。1930 年荷兰、丹麦、挪威和瑞士签署《荷兰—斯堪的纳

维亚经济协定》力图恢复经济，1932 年英国及其殖民地建立了"帝国优惠"体系，1936 年以后德国与南欧和东欧建立双边协议网络保障自身经济和资源安全，美国国会在 1934 年通过《互惠贸易协定法案》后与拉丁美洲、英国等签署一系列双边贸易协定，区域性贸易协定得到长足发展。在经历两次世界大战之后，多边贸易体制得到充分的重视和发展，《关贸总协定》的签署是重要的成果，并经历一系列回合谈判最终实现了建立 WTO 的历史性目标。然而，在这一多边贸易体制的迅速发展过程中依然经历了区域主义的大发展，20 世纪五六十年代欧共体的建立、八九十年代欧盟一体化的推进以及 90 年代以来美国从多边主义立场向区域主义的转变，构成区域性自由贸易体制和 FTA 签订的三次浪潮。多边贸易体制和区域性自由贸易体制一直相互交织、相互竞争，构成世界经贸体制演进的基本趋势。

从规则看，FTA 是在 WTO 框架之下发展起来的。GATT 明文规定允许实施歧视和违反最惠国待遇的情况有二。一是签订各类优惠贸易协定。其合法性来源于 GATT 第二十四条，该条款允许关税同盟和自贸协定在一定条件下存在，被视为最惠国待遇的例外。但问题在于，GATT 允许 PTAs 的存在是有条件的，但目前数百个 PTA 中，只有少数得到了 WTO 的严格审议并达成共识。因此，应该澄清 GATT 第二十四条的规定，加强监督和执行。二是对发展中国家的特殊和差别待遇。比如 GATT 第十八条规定，对于只能维持低生活水平并处于发展初期阶段的缔约方出于国际收支平衡或保护幼稚产业等目的而承担与其他国家相比更轻的义务。

各类自贸协定带来贸易便利的同时，也产生了"意大利面碗"效应，其解决方法有二。一是加快推进多边谈判，有效削减多边贸易的最惠国关税水平和非关税措施。因为优惠贸易协定中的"优惠"是相对于"最惠国待遇"而言的，如果最惠国待遇降至接近 0 的水平，那各种优惠贸易协定的优惠税率也就为 0 了，从而避免了"意大利面碗"效应。二是澄清 WTO 中对优惠贸易协定的第二十四条规定，并加强监督和执行。方法是建立针对优惠贸易协定的贸易政策审议机制，对各个优惠贸易协定进行审议，提高优惠贸易协定的透明度以及与 WTO 体系的合规性。

从 FTA 与 WTO 规则演进的关系看，以 TPP/CPTPP、USMCA 等为代表的高标准 FTA 构成 WTO 谈判停滞背景下国际经贸规则演进的重要动力，对 WTO 规则体系既有继承又有发展。其具体情况分为三种。一是继承，即 WTO 条款的相关规定在高标准 FTA 中基本得到保持和沿用。虽然有的高标准 FTA 是根据其与 WTO 所具有的不同的客观条件进行的必要调整，但是变动不占主流，继承是主要的特征。二是深度发展，即 WTO 条款的相关规定在高标准 FTA 中得到深化和强化，比如对贸易规则的要求更加严格，对体制性合作和边境后治理更加重视等。此类议题也被称为"WTO+"议题，该议题在 WTO 中已有初步表述，但内容落后于现实需要，有待加以深化。三是广度发展，即高标准 FTA 对 WTO 中没有强调和系统论述的领域进行规定，增加了对新的政策领域的要求和安排。此类议题也被称为"WTO-×"议题。此类议题是高标准 FTA 对 WTO 相关规则的创新性发展，从广度拓展方面推进世界经济的深度一体化，见表 2-3。

表 2-3　Horn 等（2010）和 Dür 等（2014）RTA 的具体指标

Horn 等（2010）"WTO+"	
制造业关税减让	除少数外，大部分制造业产品零关税；消除非关税壁垒
农业关税减让	除少数外，大部分农产品零关税；消除非关税壁垒
贸易便利化	提供有关贸易便利化的信息；在互联网上发布新的法律和法规；培训
出口税	消除出口税，例如：取消出口关税及与出口有关的费用
SPS	确认 WTO 关于 SPS 协定的权利和义务；统一 SPS 措施。
TBT	确认 WTO 关于 TBT 协定的权利和义务；提供信息；统一条例；相互承认
国营贸易企业	GATT 第十七条，根据 GATT 规定建立或经营国有企业，肯定 GATT 的规定；不歧视生产和消费条件；提供信息

反倾销	依据 WTO 协定保留反倾销权利和义务（GATT 第六条）
反补贴	依据 WTO 协定保留反补贴权利和义务（GATT 第六条）
国家援助	评估反竞争行为；每年报告国家援助的价值和分配情况；提供信息
政府采购	逐步自由化；国民待遇和 / 或非歧视原则；在互联网上发布法律和条例；规范公共采购制度
TRIMS	FDI 有关本土含量和出口业绩要求的规定
GATS	服务贸易自由化
TRIPs	统一标准；国民待遇；最惠国待遇；TRIPs 包含的公约；巴黎和约、伯尔尼公约、罗马公约、IPIC 条约
Horn 等（2010）"WTO-×"	
反腐败	针对国际贸易和投资的刑事犯罪认定进行法规协调和合作
竞争政策	一般性竞争政策的章节 / 条款，可能包括：关于反竞争性商业行为的处理方法；统一竞争法；建立或维护独立的竞争管理机构等等
环境	制定环境标准；执行国家环境法律；对违反环境法行为实施制裁；法律法规出版物
知识产权	加入 TRIPs 协定未涉及的国际知识产权条约
投资	信息交流；制定法律框架；协调和简化程序；国民待遇；建立解决争端机制
劳动市场监管	规范劳动力市场；肯定国际肯定劳工组织（ILO）的承诺
资本流动	资本流动自由化；禁止新的限制
消费者保护	统一消费者保护法；信息交换和专家交流；培训
数据保护	信息交换和专家交流；联合开展相关项目
农业	对开展现代农业工程提供技术援助；信息交换
立法	国际立法在国家立法中的使用，主要出现在关税同盟中
视听	促进该行业；鼓励合作生产
Dür 等（2014）指标	
零关税	是否大部分产品实现零关税？
服务	服务贸易是否有实质性条款？
投资	投资是否有实质性条款？
标准	标准是否有实质性条款？
政府采购	政府采购是否有实质性条款？
竞争	竞争是否有实质性条款？
知识产权	知识产权是否有实质性条款？

资料来源：根据相关文献（Hofmann, et al., 2017）；（吴小康，韩剑，2019）整理。

第三节 投资规则等其他专项领域

专项领域规则是国际经贸规则的另一个重要组成部分，包括出口信贷规则、国际投资规则等方面的内容。出口信贷是国家通过出口信贷机构提供贷款或者贷款担保等形式，促进本国资本性货物出口、对外承包大型工程。国家设立出口信贷的理论基础是解决"市场失灵"，加快"幼稚产业"培育，促进外贸出口竞争力。从类型看，官方出口信贷分为出口信用担保或保险、官方融资支持和各类组合形式等。从历史看，官方出口信贷的历史可以追溯到 1919 年英国出口信用担保局（ECGD）。该机构实施了一系列现代出口信贷的做法，对当前具有深远的影响。

但出口信贷的发展也存在不利的一面，各国在出口信贷方面一旦形成恶性竞争，势必造成零和博弈、贸易摩擦加剧、保护主义泛滥等不良后果。尤其是 2008 年国际金融危机爆发以来，美国、欧洲等一直指责中国以明显低于市场水平的优惠举措向企业提供出口信贷，批评中国出口买方信贷规则不清晰，存在隐性补贴，认为这是中国企业能够在非洲等国际市场上迅速扩张的重要原因，并声称要据此对中国实施贸易制裁和反制。

当前，世界关于出口信贷领域制定了一系列规则，主要包括如下内容。首先，伯尔尼联盟出口信贷规则。这是最早的关于官方出口信贷的规则，其很多内容已被 OECD（经济合作与发展组织）的《关于官方支持的出口信贷的安排》继承，并纳入相关国际法中。其次，OECD 的"君子协定"。1963 年，OECD 提供官方出口信贷的国家成立了"出口信贷和出口信贷政策工作组"，围绕船舶等产品达成部分谅解。1978 年，美欧就出口信贷问题达成一致，出台了《关于官方支持的出口信贷的安排》（又称

"君子协定")。之后，OECD 国家围绕出口信贷的最低利率等问题又陆续达成几项协议。从性质看，"君子协定"不是国际法，没有法律约束力，其形成之初是作为国际软法存在的，目前经过多年的实践已经成为公认的国际惯例。再次，WTO 的《补贴与反补贴措施协定》中关于官方出口信贷的规定。该协议对成本利率进行了界定。在多哈回合谈判中，欧盟、印度、巴西等国对该协定中有关出口信贷的内容提出了新的提案，各方均未达成一致意见。第四，各类 FTA 的规定。目前各类 FTA 尚未对官方出口信贷做出更多的具体要求，但 TPP 协议中开始表达了对共同解决和约束出口信贷问题的意愿，反映了一定的趋势和苗头。随着国际经贸规则重构的加快，作为新的经贸规则最新试验场的 FTA 或将最早对出口信贷做出更明确、更具约束力的安排。最后，世界银行 1988 年成立了多边投资担保机构（MIGA）。该机构是从事出口信贷国际政策协调的另一个组织，旨在向跨国投资提供政治风险担保，并提供与投资促进、争端协调等相关服务。从根本上讲，MIGA 与各国官方出口信贷保险机构是互相补充、互相合作的关系，共同促进国际投资担保工作。

另一个专项领域的贸易投资治理是国际投资协定（IIA）。它是指国家间制定的与投资尤其是投资保护有关的规则。国际投资协定的主要形式是双边投资协定（BIT）。另外，FTA 中关于双边投资章节也是国际投资协定的一种形态。从 BIT 与 FTA 中投资章节的区别看，BIT 只关注投资议题，是一种具有很强针对性的双边协定；而 FTA 正如上文介绍的，不仅包括投资，而且包括贸易、关税、服务、知识产权等综合性的内容，是一个综合性的协定。国际投资协定在促进全球投资合作、加强投资者保护等方面发挥了重要的作用。2016 年 G20 中国杭州峰会通过了《G20 全球投资政策指导原则》，这是国际社会第一次在多边框架内就全球投资规则达成共识，对于推动全球投资政策协调、创建更加包容开放透明的投资环境、加强跨国投资者保护具有重要作用。

第三章 百年未有之大变局下国际经贸规则重构的基本动力

当今世界正处于百年未有之大变局，经济全球化进入模式调整期和动力转换期，新一轮科技革命和产业变革深入推进，生产组织方式与消费模式向平台化分散化方向发展，新兴市场和发展中国家群体性崛起推动国际力量对比朝着更加平衡的方向演进，西方中心论、文明冲突论、历史终结论等文明和意识形态偏见在现实面前更加苍白无力，全球经济治理体系正在经历深刻调整，全球生态环境、疫情防控、恐怖主义等问题越来越跨出国界，亟需各国携手解决，新的全球秩序正在发生新一轮"寻锚"。百年未有之大变局从如下方面推动国际经贸规则发生深刻重构。

第一节 经济全球化模式深刻调整，保护主义与开放合作斗争日趋复杂深刻

当前，经济全球化正在经历结构转型，国际社会面临开放还是封闭、前进还是后退、拥抱全球化大海还是退回孤立封闭小湖泊的重大抉择，传统的国际"大三角"格局发生新变化。根据麦肯锡全球研究院2019年4月发布的《变革中的全球化：贸易与价值链的未来图景》报

告，当前经济全球化进程正在持续发生重要转变：一是商品生产价值链的贸易强度逐步降低，2007—2017 年，出口总额在商品生产价值链总产出中的占比从 28.1% 降至 22.5%；二是 2007 年以来服务贸易增速比商品贸易增速高 60%；三是劳动成本套利型贸易占比不断下降，目前已不足 20%，而全球价值链的知识密集度越来越高，2000 年以来，各价值链中对研发、品牌和知识产权等无形资产投资在总营收中的占比从 5.5%增长到 13.1%；四是以汽车制造、计算机和电子行业为代表的商品生产价值链的区域集中度越来越高，企业越来越倾向于在邻近消费市场的地方开展生产。据加德纳智库（Gardner Intelligence）2020 年发布的《世界机床调查》报告显示，2019 年全球 15 大机床消费国中有 12 个消费量出现下降。其中，中国消费量大幅下降 25.3%，降幅占全球一半；美国在 12 个下跌国中跌幅最小，导致其全球份额反增至 11.9%，达到 2001年以来的最高水平；墨西哥机床消费则显著增长，占全球份额从 2018年的 2.4% 增至 2019 年的 3.1%。这些变化预示着北美制造业板块的加速崛起。

与此同时，国际贸易保护主义强势崛起。2018 年 3 月 22 日，美国贸易代表办公室公布了在 2017 年 8 月发起的对华"301 调查"结果，指责中国通过迫使美国企业对华转让技术、系统性收购美国先进技术和知识产权、通过技术许可条款等手段，对美国企业的投资运营和美国竞争力构成削弱，并提出向 WTO 争端解决机制申诉，对中国航空航天、信息通信技术、机械等产品征收关税，限制中国投资等措施，对中国实施制裁。国际金融危机最严重的 2009 年，全球每出台一项贸易干预政策尚需 17 个小时，2020 年缩短为 3 小时 40 分钟，贸易保护崛起之势可见一斑。当前，历史上从未同时并存的保护主义 1.0—4.0 版意外地交汇碰头。1.0 版：关税、配额等"前 WTO"壁垒。2017 年以来美国"关税大棒"是其典型标志。2.0 版：检验检疫、环境、劳工、"两反一保"措施等 WTO 体系下的非关税壁垒。据《2019 年亚太贸易和投资报告》测算，卫生和植物检疫要求等非关税壁垒的平均成本就相当于国内生产总值的 1.6%，全球约为 1.4 万亿美元。3.0 版：政府采购、知识产权、区域自贸浪潮等 WTO"灰色区域"的保护壁垒。如拜登政府施政纲领计划推出 4000 亿美元的采购投资，重新推出 2009 年美国经济刺激法案中"购买美国货"条款。4.0 版：数字贸易、国有企业等"后 WTO"保护主义。拜登政府多次剑指我国所谓强制技术转让、侵犯知识产权、对互联网和数字经济审查等。4 代保护手段交汇大大加剧了国际贸易保护主义的烈度、隐蔽性和危害性。从根源和背景看，贸易保护主义的成因复杂深重，短期内难以风平浪静。实施贸易保护主义的一方，通常会遭受对手方的反制，最终结果往往是"双输"，而非"共赢"。当前全球范围内存在多个经济体间的贸易争端，一旦局势失控而演变为大规模贸易战，势必拖累全球贸易投资增长，削弱世界经济复苏前景。

近年来，美国等对外经济制裁不断加剧，成为其开展"长臂管辖"的重要手段。美国对外制裁的主要手段有三大类：商务部实体清单（Entity List）、财政部制裁名单（其中包含"特别指定国民名单""综合制裁名单""额外制裁名单"等），其他制裁如总统法令制裁等。具体手段包括 14 种，见表 3-1。其中，商务部工业与安全局（BIS）实体清单和财政部海外资产控制办公室（OFAC）的 SDN 制裁清单是美对外制裁最常用的手段，而商务部 BIS 的实体清单通常不具有次级制裁的风险，财政部的 SDN 清单是美对外开展次级制裁的核心手段。

表 3-1　美国的主要经济制裁手段

序号	部门	手段	内容
1	商务部（BIS）	实体名单（Entity List）	向此名单上的个人和实体出口、再出口或国内转移任何美国物项均需取得 BIS 的特别许可，不适用许可例外；许可申请审查将依照该条目中注明的审查政策及 EAR 其他相关条款规定。在部分企业设立特殊履约协调人，完成合规审计报告
2	商务部（BIS）	"最终军事用户"名单（MEU List）	军事最终用户名单则是通知出口商、再出口商和转让人，向所列实体（以企业为主）出口、再出口或转让（在国内）指定物项的许可要求，即需要向 BIS 申请，获得许可后方允许开展贸易
3	商务部（BIS）	被拒绝人名单（Denied Persons List）	根据被拒贸易方名单，禁止同此名单上的个人和实体进行任何美国物项的出口、再出口或境外转移
4	商务部（BIS）	未核实名单（Unverified List，UVL）	向 UVL 名单所列的采购商、中间收货人、最终收货人或最终用户出口、再出口或转让美国原产物项时，不得享受任何许可例外，且必须出具"UVL 声明"
5	财政部（OFAC）	特别指定国民名单（SDN 名单）	制裁包括：禁止提供特定服务；禁止投资、支付和资本流动；禁止为目标实体集资；封锁（冻结资产）个人或实体的任何资金或其他资产；禁止美国人与其交易；禁止入境
6	财政部（OFAC）	代理行和通汇账户制裁名单（CAPTA 名单）	禁止美国金融机构为列入该名单的实体开立或维护代理行账户和通汇账户
7	财政部（OFAC）	非 SDN 中国军事公司名单（NS-CCMC List）	国务院发布，财政部实施投资限制，要求被纳入 60 天—360 天后剥离与其相关的投资
8	财政部（OFAC）	外国制裁规避者名单（FSE 名单）	外国制裁规避者名单是指被认定侵犯、企图侵犯、串谋违反或违反美国对叙利亚或伊朗制裁的外国人和实体，以及促成欺骗交易，或代表受美国制裁的个人的外国人，禁止与其交易
9	财政部（OFAC）	行业制裁识别名单（SSI 名单）	美国人禁止与在俄罗斯经济产业部门从事业务的个人进行有关融资或处理期满超过 90 天债务的交易。其法律依据为第 13662 号美国总统行政令
10	财政部（OFAC）	巴勒斯坦立法委员会名单（Non-SDN Palestinian Legislative Council List，PLC 名单）	列入 PLC 名单的为：通过哈马斯提名选举进入 PLC 的成员，或任何其他外国恐怖主义组织（FTO）、特别指定恐怖分子（SDT），或特别指定全球恐怖分子（SDGT）

续表

序号	部门	手段	内容
11	财政部（OFAC）	非SDN涉伊朗制裁法案名单（NS-ISA名单）	对涉及伊朗的实体进行制裁，美国金融机构禁止为其提供信贷服务。目前财政部上虽然有该名单，但基本为2016年数据，自重启对伊制裁后，已停止更新
12	财政部（OFAC）	非SDN菜单式制裁名单（NS-MBS名单）	因进口俄罗斯S-400，2020年12月14日，美国对土耳其国防工业局实施非SDN菜单式制裁（Non-SDN Menu-Based Sanctions List），限制贸易、信贷、进出口银行援助
13	国务院（国际安全暨防核武扩散局）	防扩散名单（ISN）	对被认为从事核扩散活动的个人和实体实施制裁
14	国务院（国防贸易管制局）（DDTC）	AECA禁止名单	禁止直接或间接参与国防物品出口的实体和个人，包括技术数据和国防服务

资料来源：根据相关网络信息整理。

美国OFAC制裁不是对特定国家的全面制裁，如封锁禁运等，而是越来越转向对具体个人和实体的制裁。美国OFAC没有一张专门的制裁国家或地区名单，原因如下：一是美国制裁计划的范围各不相同，有的制裁有比较集中的地理分布，如对伊朗、古巴的制裁；有的制裁主要针对特定个人和实体，如反恐、缉毒等制裁。OFAC的特别指定国民和被封锁人员名单（"SDN名单"）包含大约12000个与制裁目标相关的名字。许多个人和实体经常在国际间流动，无论其流动到哪个国家或地区，美国人都被禁止与其发生往来。SDN上的实体所拥有超过50%的直接或间接所有权的实体，也被禁止与美国人发生业务往来。

OFAC公布了一份由目标国家拥有或控制，或代表目标国家行事的个人和公司名单。它还列出了个人、团体和实体，例如根据非特定国家/地区的计划指定的恐怖分子和毒品走私者。这些个人和公司统称为"特别指定国民"或"SDN"。他们的资产被冻结，美国人通常被禁止与他们打交道。

任何与美国有业务营运或与美国有交易关系的企业，皆受相关条款管辖并需协助制裁 SDN 名单上的人物，不能与 SDN 制裁人员有任何交易，否则会遭受二级制裁。

从不同国家或不同类型的制裁情况看，美国正在运行的 SDN 制裁主要内容如表 3-2 所示：

表 3-2　美国 SDN 相关制裁情况

序号	制裁计划	最近更新时间
1	阿富汗相关制裁	2022 年 2 月 25 日
2	巴尔干相关制裁	2023 年 3 月 15 日
3	白俄罗斯制裁	2023 年 3 月 24 日
4	缅甸相关制裁	2023 年 3 月 24 日
5	中非共和国制裁	2023 年 1 月 26 日
6	中国军工企业制裁	2022 年 6 月 1 日
7	禁毒制裁	2023 年 3 月 30 日
8	反恐制裁	2023 年 3 月 28 日
9	通过与制裁法相关的制裁来对抗美国的对手	2022 年 9 月 15 日
10	古巴制裁	2022 年 9 月 26 日
11	网络相关制裁	2023 年 2 月 9 日
12	与刚果民主共和国有关的制裁	2022 年 3 月 17 日
13	与埃塞俄比亚相关的制裁	2022 年 2 月 8 日
14	外国干涉美国选举制裁	2022 年 3 月 3 日
15	全球马格尼茨基制裁	2023 年 3 月 31 日
16	涉港制裁	2021 年 12 月 20 日
17	人质和被错误拘留的美国国民制裁	2022 年 7 月 19 日
18	伊朗制裁	2023 年 3 月 21 日
19	伊拉克相关制裁	2022 年 12 月 28 日
20	黎巴嫩相关制裁	2023 年 4 月 4 日
21	利比亚制裁	2022 年 10 月 17 日

续表

序号	制裁计划	最近更新时间
22	马格尼茨基制裁	2023 年 1 月 26 日
23	与马里相关的制裁	2020 年 2 月 6 日
24	尼加拉瓜相关制裁	2022 年 12 月 21 日
25	防扩散制裁	2023 年 3 月 21 日
26	朝鲜制裁	2023 年 3 月 30 日
27	毛坯钻石贸易管制	2018 年 6 月 18 日
28	俄罗斯有害外国活动制裁	2023 年 3 月 30 日
29	索马里制裁	2021 年 9 月 22 日
30	南苏丹相关制裁	2020 年 2 月 26 日
31	苏丹和达尔富尔制裁	2022 年 5 月 23 日
32	叙利亚制裁	2023 年 3 月 28 日
33	叙利亚相关制裁（2019 年第 13894 号行政命令）	2023 年 2 月 21 日
34	跨国犯罪组织	2023 年 2 月 8 日
35	乌克兰 / 俄罗斯相关制裁	2023 年 3 月 8 日
36	委内瑞拉相关制裁	2023 年 3 月 30 日
37	也门相关制裁	2021 年 11 月 18 日
38	津巴布韦制裁	2022 年 12 月 12 日

资料来源：根据相关网络信息整理。

在以美国为代表的贸易保护主义的挑战和冲击下，WTO 的实质性作用下降。首先，部分国家以"301 调查""232 调查"等国内法取代 WTO 规则，实施"长臂管辖"，因一己之利而违反多边规则、退回双边和区域合作领域，对 WTO 体制构成严重冲击。同时，由于利益分化以及贸易保护主义的干扰，WTO 谈判迟迟难以推进，影响各国对多边贸易体制的信心。并且，作为 WTO 的重要功能的争端解决机制陷入停顿。2019 年 12 月 10 日，WTO 的 2019 年度第五次总理事会上，美国阻挠改进上诉机构总理事会决议草案，新的法官不能顺利增补，WTO 上诉机构彻底瘫痪。从另一个侧面看，美国因一己之利在过去两年中连续 30 次对新遴选的法官予以否决，终致 WTO 上诉机构瘫痪，不仅反映了贸易保护主义对 WTO 的冲击，也反映了多边贸易体制的内在缺陷和脆弱性。

历史一再表明，全球化进程从来不是一帆风顺的直线式上升，而是在时代大潮中波浪式前进、在艰难曲折中向纵深发展。暂时的"逆风"和曲折徘徊本身就是全球化矛盾运动规律的必然表现形式，这不仅不会造成全球化的历史终结或根本逆转，而且往往成为全球化寻找新动能、鼎革新规则、构筑新基础进而开辟新空间的重要契机。未来世界经济将在经济全球化曲折探索与浩荡前行的辩证运动大逻辑中不断迈进。

第二节　新一轮科技革命和产业变革蓬勃兴起，推动新议题新规则不断产生

近年来，全球范围内新技术、新产业、新业态、新模式层出不穷，新的全球产业链、价值链、供应链布局加速重构，推动世界经济进入新旧动能转换的关键时期。一方面，科技创新和产业升级正在孕育新突破，人类面临的巨大资源环境压力和美好生活需要正在转化为科技创新的强大动力，世界主要国家纷纷布局以绿色、低碳、智能为特征的新兴产业，把新能源、新材料、信息网络、生物医药、节能环保、低碳技术、绿色经济等作为新一轮产业发展的重点，推动数字经济和实体经济深度融合，第三次产业革命已初见端倪。另一方面，具备广阔产业化市场化前景的重大技术突破和通用技术创新尚在孕育之中，世界经济增长新动能仍未形成，全球潜在增长率受人口老龄化、贫富差距扩大、长期投资疲软等一系列深层次结构性矛盾困扰不升反降，世界经济仍处在新旧动能、新旧产业和新旧业态转换的调整期和过渡期。从未来发展看，全球经济增

长动能"推陈出新"将是一个长期渐进的过程，其推进程度、步伐和节奏将对未来世界经济增长走势产生决定性影响，见表3-3。

表3-3　第四次工业革命的主要创新领域

主要领域	相关技术进步和技术突破
数字领域	5G 和物联网； 量子计算等新计算技术； 区块链与分布式账本技术
物理领域	新一代人工智能与机器人； 新能源；新材料； 增材制造（3D 打印）与多维打印
生物领域	生物技术； 神经技术； 虚拟现实与增强现实

资料来源：作者根据相关文献（克劳斯·施瓦布，尼古拉斯·戴维斯，2018）整理。

科技革命和产业变革对经贸规则的与时俱进提出了现实需求。当前，在蓬勃的科技革命和产业变革推动下，传统的经贸规则和治理能力落后于现实的需要。从 WTO 看，多边贸易谈判在推进数字贸易以及环境、劳工等议题方面面临较多分歧，难以有效达成协定。同时，以 FTA 为代表的区域性自贸协定在这些问题上虽然偶有涉及，但仍然明显落后于时代的需要，对数字跨境传输、存储等领域至今尚未达成系统的协定说明了这个问题。尤其是，在美国等贸易保护主义的推波助澜下，目前关于国家安全审查成为重要关注点。同时，如何平衡数字流动、气候变化、网络安全、人工智能等国际经贸联系所带来的潜在的跨国性全球性风险，是国际社会面临的新的治理任务。在这些因素的共同影响下，全球贸易投资规则和治理体系亟需与时俱进，大踏步跟上时代潮流。

第三节　中美关系深刻调整，东西方
发展模式之争不断加剧

2017 年以来，美国贸易保护主义、贸易霸凌主义、单边主义不断加剧，中美关系发生深刻调整，具体而言主要包括三个方面。一是战略竞争。这个局势从美国奥巴马"亚太再平衡"就开启了，特朗普政府上台以来，美国联合日本、印度、澳大利亚等国力推"印太战略"，对我国推动共建"一带一路"构成明显冲击，其鲜明的意识形态和军事色彩对我国构成明显挑战。二是贸易和科技竞争。自 2017 年以来，美国贸易保护主义、贸易霸凌主义不断加剧，不顾中美经贸关系发展大局，采取增加关税壁垒、强化投资限制、实施对中资企业制裁等手段，主动挑起并不断升级中美经贸摩擦，加强各领域对我国围堵。三是发展模式竞争。自 2001 年我国加入世界贸易组织以来，西方发达国家始终想通过要素、制度、规则的输入，将我国改造成为一个与它们发展模式类似的国家。2008 年国际金融危机以来，随着中美相对实力此长彼消，美国不但不反思自身发展模式弊端，反而试图通过"搭便车"、窃取技术、推进不公平竞争等所谓理由来解释我国的快速发展。贸易之争的背后是发展道路之争，是开放与封闭之争。2016 年 12 月，美欧日在我国"入世"15 年过渡期结束后拒不承认我国市场经济地位，并于 2017 年以来连续发表七轮联合声明攻击我国发展模式。未来，发展模式之争恐加剧，成为百年未有之大变局中引发各种矛盾和冲突的重要风险点。

专栏 1　美国推动的"印太战略"

所谓"印太战略",是指由美国大力鼓吹的,以美日印澳四边关系为核心支撑,地理上包含从印度洋到太平洋广大区域的地缘政治和外交战略框架。2017 年美国发布的《国家安全战略报告》做出如下定义:印太是指"从印度洋西海岸至美国东海岸的广大区域,这是世界上人口数量最多、经济最具活力的地区"。

从其起源看,"印太"概念早已有之,美日印澳等各国学者和官员都曾有过"印太"的提法,比如 2012 年底,时任印度总理辛格就使用"印太"的概念讨论印度与东盟和日本的关系;2013 年 3 月,时任日本首相安倍晋三使用了"印太"的概念讨论太平洋和印度洋两个地区的共同利益;2013 年 5 月,澳大利亚国防白皮书正式使用了"印太地区"概念。但是"印太战略"之所以成为国际热点并引发广泛关注始自 2017 年 11 月,当时美国总统特朗普在亚洲之行中提出了"一个自由开放的印太"的概念。随即,美国政府正式提出"自由而开放的印太战略",表示要与印太地区建立"新伙伴关系",自此"印太战略"开始成为美国推进外交战略的重要地缘框架。

从其内涵看,"印太战略"突出强调所谓"自由"和"开放"两大原则。2018 年 4 月,美国国务院亚太事务副助理国务卿黄之瀚(Alex Wong)表示,所谓自由,在国际层面上是指希望印太地区国家不受强制威慑,能够按照主权国家的方式选择自己的道路;在国家层面上是指希望印太地区国家在政治、基本权益、透明度和反腐败方面越来越自由。所谓开放,首先是指"开放的海上通道和空中通道",其次是指推进基础设施建设促进区域融合,同时还意味着更为开放的贸易和投资。这里针对共建"一带一路"的色彩非常鲜明。

从其实质看,"印太战略"与奥巴马政府"亚太再平衡"一脉相承并进一步升级和发展,企图在更大的范围内遏制中国发展的势头,正日益成为美国对华展开地缘竞争并制衡"一带一路"倡议的主要依托,必须引起我国高度重视和认真对待。

近年来,在美国等的推动下,"印太战略"动作频频,军事合作密切开展,域外国家纷纷插手,新概念新框架层出不穷,合作机制建设取得新进展。贯穿上升所有这些动向的一条主线就是"印太战略"加速向印太版北约转变。2021 年 9 月 15 日,美英澳建立"AUKUS"三边安全伙伴关系机制,旨在加强军事、高端技术和供应链合作,并向澳提供核动力潜艇。该机制是美西方强化反华同盟、逐鹿亚太地区、围堵"一带一路"的大动作,对我国负面影响不容忽视。

从美西方在亚太地区建立的现有机制看,五眼联盟主要是情报分享机制,四边机制(QUAD)为多议题的松散结构,澳新美安全条约(ANZUS)则主要聚焦防卫合作,功能扩展空间有限。而 AUKUS 则不仅军事色彩鲜明,而且战略功能更为综合,成员开放性更大,最有可能采取由小到大不断扩员的"北约模式",组建亚太版"北约"。

在中美关系深刻调整的背景下,各方对两国陷入"修昔底德陷阱"的担忧增多。"修昔底德陷阱"最早是由哈佛大学肯尼迪学院教授格雷厄姆·艾利森于 2012 年 8 月发表在英国《金融时报》上面的文章 *Thucydides's Trap Has Been Sprung in the Pacific* 提出的,用来比喻中美两国关系的未来命运。修昔底德在其《伯罗奔尼撒战争史》中指出,"战争不可避免的原因是雅典势力的增长和因此而引起的斯巴达的恐惧"。这一论述指出了崛起大国与守成大国因国家实力消长产生的结构性矛盾而

爆发战争的可能前景。格雷厄姆·艾利森（2018）梳理了历史上崛起大国与守成大国关系的案例库（见表3-4）发现，历史上16起案例中，只有4起案例是以和平方式解决的，其他12起案例均爆发了军事冲突。

表3-4　"修昔底德陷阱"案例库

序号	历史时期	守成国	崛起国	竞争领域	结果
1	15世纪后期	葡萄牙	西班牙	全球帝国与贸易	无战争
2	16世纪上半叶	法国	哈布斯堡王朝	西欧陆权	战争
3	16—17世纪	哈布斯堡王朝	奥斯曼帝国	中欧与东欧地区陆权、地中海地区海权	战争
4	17世纪上半叶	哈布斯堡王朝	瑞典	北欧陆权与海权	战争
5	17世纪下半叶	荷兰共和国	英格兰	全球帝国、海权与贸易	战争
6	17世纪后期至18世纪中期	法国	大不列颠	全球帝国与欧洲陆权	战争
7	18世纪后期至19世纪中期	大不列颠联合王国	法国	欧洲海权与陆权	战争
8	19世纪中期	法国与大不列颠联合王国	俄国	全球帝国、中亚和东地中海地区影响力	战争
9	19世纪中期	法国	德国	欧洲陆权	战争
10	19世纪后期至20世纪早期	中国和俄国	日本	东亚地区海权与陆权	战争
11	20世纪早期	大不列颠联合王国	美国	全球经济主导地位与西半球的制海权	无战争
12	20世纪早期	受法国、俄国支持的大不列颠联合王国	德国	欧洲陆权与全球海权	战争
13	20世纪中期	苏联、法国和英国	德国	欧洲海权与陆权	战争
14	20世纪中期	美国	日本	海权与亚太地区影响力	战争
15	20世纪40—80年代	美国	苏联	全球大国	无战争
16	20世纪90年代至今	英国与法国	德国	欧洲的政治影响力	无战争

资料来源：格雷厄姆·艾利森.注定一战：中美能避免"修昔底德陷阱"吗[M].上海：上海人民出版社，2018.

第四节　新兴经济体和发展中国家群体性崛起改变全球力量对比，推动国际经贸规则向更加公平普惠方向"回归"

当前，新兴市场和发展中国家群体性崛起，推动国际力量对比发生重大变化。按照国际货币基金组织测算，1992 年发达经济体 GDP 占全球比重达到 83.6% 的峰值后出现稳步下行趋势，到 2024 年将降至 56.2%。同期，新兴市场和发展中国家 GDP 占全球比重则从 16.4% 升至 43.8%。新兴市场和发展中国家的群体性崛起，推动国际力量对比发生巨大变化，这从中美在国际组织中的份额和投票权上也可观察出来。2019 年美国分摊的联合国会费和维和经费的占比分别为 22% 和 28%，在各国中是最高的。2019 年，我国分摊的联合国会费从 7.92% 涨到 12.01%，维和经费也从 10.24% 跳升至 15.22%，增幅较大但仍低于美国的比重。从世界银行投票权份额看，在 2018 年新一轮增资之后，我国的投票权份额达到 5.71%，仅次于美国 15.87% 和日本 6.83% 的水平，升至第三位；由于世界银行的重要决议须由 85% 以上的表决权决定，因此美国仍有否决权。从国际货币基金组织改革看，2015 年随着国际货币基金组织份额和治理改革方案经过美国国会批准，我国成为 IMF 第三大份额国，占比 6.394%，仅次于美国 17.407% 和日本 6.464% 的水平；由于 IMF 重大议题须有 85% 投票权通过，因此美国仍有否决权。2016 年 10 月 1 日，人民币正式加入 SDR 货币篮子，其中，各种货币的权重分别为美元 41.73%、欧元 30.93%、人民币 10.92%、日元 8.33%、英镑 8.09%。

随着新兴经济体和发展中国家力量的壮大，二十国集团成为国际经济合作主要论坛，金砖国家、上合组织等发展中国家合作机制在全球治理中发挥越来越重要的作用。我国在亚投行、丝路基金、金砖国家应急储备安排等方面发挥不可替代的重要作用，国际影响力和话语权明显增强。南北力量对比变化势必成为推动国际经贸规则重构的重要基础性动力。

第五节　新冠肺炎疫情推动大变局加速演变，对国际经贸合作与规则演进产生深远影响

新冠肺炎疫情给世界经济带来巨大冲击，对人类生命安全和健康构成重大威胁。疫情暴发推动百年未有之大变局加速演变，对国际经贸合作格局与经贸规则重构产生深远影响。

一是疫情推动贸易保护主义出现新变化，主要包括如下两个方面。第一，推动疫情相关领域的货物贸易便利化。2019 年 10 月至 2020 年 5 月全球推出 363 项贸易相关措施，其中 71% 与疫情相关；其中 57% 以上为疫情物资进出口便利化措施，如 2 月 22 日，巴西宣布暂时取消了对苯磺酸顺阿曲库铵等三种抗疫药物的进口关税。第二，推高非疫情相关物资保护主义。据 WTO 统计，2019 年 10 月至 2020 年 5 月，全球共出台了 56 项、估值高达 4231 亿美元商品额的贸易限制新措施，达到 2012 年以来的第三高。

二是全球产业链、供应链安全问题和保护主义突出。彭博社 2020 年 5 月 23 日报道称，疫情暴露出美国关键设备和原材料短缺，助其加快实施产业自给自足战略。同时，美国进一步将贸易摩擦向科技、金融领域扩展。2020 年 5 月 21 日，美参议院通过《外国公司问责法》剑指中概股；5 月 23 日，美商务部再度出手，将 33 家我国公司、机构及个人列入"实体清单"。据报道，2020 年 5 月，美国部分议员及政府官员推动该设

立 250 亿美元的"回流基金"，并通过税收优惠、补贴等方式削弱对华联系。2020 年 5 月 15 日，台积电正式对外宣布在美国亚利桑那州投资 120 亿美元建立 5 纳米晶圆代工厂，2021 年动工，2024 年量产。英国《泰晤士报》2020 年 5 月 22 日报道称，英国首相约翰逊部署推动"保卫计划"（Project Defend），意在减少英国在医疗用品以及部分工业化学品、金属产品、手机、笔记本电脑等多种关键商品方面对华依赖，促进医药产业回流和供应链多元化。英国的做法引发欧洲国家的效仿，法国总统马克龙、德国总理默克尔均呼吁欧盟对医疗产品应掌握更大自主权。疫情之下的这些重大变化，势必对未来国际经贸秩序与经贸规则产生深远影响。一方面，疫情防控带来的经济社会发展困局或成为推动新一轮国际经贸规则争夺的客观动力；另一方面，产业安全、产业政策、供应链问题以及疫情相关的保护主义等将在未来的经贸规则中有所体现。

第六节　乌克兰危机爆发加剧国际紧张态势，对国际经贸规则演变带来重要影响

2022 年 2 月，乌克兰危机爆发以来，美西方国家对俄实施史无前例的大规模经济制裁，从金融、科技、贸易、企业合作等各个方面掐断俄罗斯与外界的经济联系以迫其就范（见表 3-5）。一方面，美西方滥用经济制裁和"长臂管辖"，违反 WTO 规则，对世界各国的正当经贸利益都构成严重威胁。经济制裁成为美西方打压遏制他国的"进攻性"武器，进一步改变全球力量平衡格局。另一方面，美俄制裁战正在动摇美元霸权、SWIFT 系统霸权、科技霸权、规则霸权等，加剧美西方主导的全球经济治理体系的合法性危机，对国际经贸规则演变带来深远影响。

表3-5　乌克兰危机爆发后美西方对俄罗斯经济金融制裁的主要举措

	制裁措施	制裁实体
一、金融制裁		
1	剔除出 SWIFT 系统制裁	VTB 银行、俄罗斯银行、Otkritie 银行、Novikom 银行、Sovcom 银行、PSB 银行、VEB 银行 7 家俄罗斯银行
2	将俄罗斯金融机构列入"CAPTA List",禁止其通过在美银行开设代理行账户,使用美元清算结算业务	Sberbank 银行(俄罗斯排名第一的银行,总资产规模约 4400 亿美元,大股东是俄罗斯财政部)
3	冻结俄罗斯个人资产,没收俄罗斯富人海外游艇、房产等资产	俄重点个人及富商海外资产
4	冻结俄罗斯联邦外贸银行(VTB)及其 20 家子公司、Otkritie、Novikom 和 Sovcom 三家银行及其 34 家子公司等俄金融机构海外资产。将俄罗斯银行等金融机构、实体企业、5 艘船舶、普京等个人加入 SDN 名单,冻结俄金融机构、企业及个人资产与一切交易;同时将 Novikombank、VTB 以及 VEB 等银行列入行业制裁清单(SSI)	VTB 银行、俄罗斯银行、Otkritie 银行、Novikom 银行、Sovcom 银行、PSB 银行、VEB 银行 7 家俄罗斯银行,普京等自然人,PSB 拥有的 5 艘船舶等
5	扩大主权债务禁令,限制个人和企业参与俄罗斯联邦中央银行、俄罗斯联邦国家财富基金和俄罗斯联邦财政部发行的新债务的二级市场交易	俄罗斯联邦中央银行、俄罗斯联邦国家财富基金和俄罗斯联邦财政部
6	切断美欧与俄资金联系,切断俄罗斯储备银行(Sberbank)及其子公司与美国金融系统联系;限制 13 家俄罗斯重要的企业和实体发行期限超过 14 天的债权和股权	Sberbank;13 家实体包括:Sberbank, AlfaBank, Credit Bank of Moscow, Gazprombank, Russian Agricultural Bank, Gazprom, Gazprom Neft, Transneft, Rostelecom, RusHydro, Alrosa, Sovcomflo 和 Russian Railways,估计上述企业和实体的资产接近 1.4 万亿美元
7	明晟(MSCI)和富时罗素(FTSE)宣布剔除俄罗斯股票;穆迪、标普、惠誉下调俄罗斯的主权信用评级	俄罗斯国际信用评级、金融国际影响力以及股市、债市
8	暂停世行在俄所有贷款项目	俄罗斯世行项目
二、高技术产品出口管制		
1	管制商业管制清单第三至九类产品,及对俄军事管制产品对俄出口	商业管制清单第三至九类商品;能源、航空、半导体、先进软件对俄出口;对与俄相关 91 个实体的出口管制
2	管制炼油行业产品等俄重点行业产品对俄出口	
3	管制飞机设备、半导体和先进软件等关键技术领域产品对俄出口	

续表

	制裁措施	制裁实体
4	将与俄军事行动相关的 10 个国家 91 个实体列入 BIS 出口管制实体清单，实施出口管制措施	
三、贸易和航运制裁		
1	取消俄永久性正常贸易关系待遇，禁止进口俄原油、天然气、煤炭等能源，钢铁、海鲜、酒类、钻石等产品；禁止向俄出口奢侈品、高级汽车等	俄优势出口产品，以及俄自美欧进口的高端奢侈品
2	暂停北溪二号管道项目的审批程序	大型能源合作项目
四、外资制裁		
1	埃克森美孚、苹果、谷歌、微软、英特尔等外资企业撤离，万事达卡（Mastercard）和维萨卡（Visa）等金融支付业务中断，加剧俄产业链供应链资金链断链	俄罗斯外资企业
五、其他制裁		
1	对俄关闭领空，禁止俄罗斯船舶进入港口，中断航运联系	俄罗斯航空业、海运业
2	加强对俄文艺、体育、科研等人文领域制裁，开展信息战、舆论战	俄文艺团体、科研单位、国际媒体合作等
3	威胁将与受制裁对象国开展经济活动的他国实体纳入制裁范围	第三国金融机构、企业与个人的金融活动、贸易活动、航运等服务活动等

资料来源：根据网络资料整理。制裁实施国主要包括美国、欧盟 27 国、瑞士、加拿大、澳大利亚、日本、韩国、新加坡等。

第四章 全球主要经济体在WTO改革及 国际经贸规则变革中的立场及争论

2017 年以来，关于新一轮 WTO 改革的讨论再度升温，其原因有二：一是美国特朗普政府上台后甩开 WTO 规则推行贸易保护主义、单边主义政策，对以 WTO 为代表的多边贸易体制构成严峻挑战；二是 WTO 自身的确难以适应已经变化了的全球经贸形势，多哈回合难以取得实质性进展，WTO 面临成立以来最严峻的挑战。从进程看，美欧加等发达国家、印度等发展中国家以及最不发达国家均提出了自己的 WTO 改革方案，我国也于 2018 年 11 月和 2019 年 5 月提交了关于 WTO 改革的文件。围绕WTO 改革和国际经贸规则重构的各方博弈正在展开（见表 4-1）。

表 4-1　近年来各国关于 WTO 改革的表态与举措

日期	事件
2017 年 7 月	美国在 WTO 总理事会提出改革 WTO 的概念
2017 年 12 月	美国在 WTO 的第十一届部长级会议上提出 WTO 改革
2018 年 2 月	美国发布《2018 年总统贸易政策议程》
2018 年 9 月	欧盟发布《WTO 现代化的概念文件》 加拿大向 WTO 提交《WTO 改革的工作文件》
2018 年 11 月	中国发布《中国关于 WTO 改革的立场文件》
2018 年 12 月	G20 布宜诺斯艾利斯峰会支持对 WTO 进行必要改革
2019 年 5 月	中国向 WTO 提交《中国关于 WTO 改革的建议文件》
2019 年 7 月	印度、南非等向 WTO 提交关于 WTO 改革的联合提案

日期	事件
2019 年 11 月	金砖国家领导人会晤承诺将与 WTO 所有成员就该组织的必要改革开展建设性合作
2019 年 12 月	最不发达国家集团向 WTO 提交关于 WTO 改革问题联合提案
2020 年 11 月	APEC 领导人非正式会议承诺支持 WTO 工作与必要改革
2017 年 12 月至 2020 年 1 月	美欧日连续发表七份联合声明，分别是：2017 年 12 月 12 日第一次美欧日三方联合声明（布宜诺斯艾利斯）、2018 年 3 月 10 日第二次美欧日三方联合声明（布鲁塞尔）、2018 年 5 月 31 日第三次美欧日三方联合声明（巴黎）、2018 年 9 月 25 日第四次美日欧联合声明（纽约）、2019 年 1 月 9 日第五次美欧日联合声明（华盛顿）、2019 年 5 月 23 日第六次美欧日联合声明（巴黎）、2020 年 1 月 14 日第七次美欧日联合声明（华盛顿）

资料来源：根据相关公开信息整理。

第一节　中国的 WTO 改革与经贸规则重构主张

一、主要表态和文件

我国关于 WTO 改革的主张主要体现在两次表态和文件中。

（一）我国关于 WTO 改革的三个基本原则与五点主张

1. 我国关于 WTO 改革的三个基本原则

2018 年 11 月 23 日，我国商务部相关负责人在关于世贸组织改革有关问题新闻吹风会上阐述了中国关于世贸组织改革的三个基本原则和五点主张，并发布了《中国关于世贸组织改革的立场文件》。其中，三个基本原则是：

第一，世贸组织改革应维护多边贸易体制的核心价值。中方认为，非歧视和开放是世贸组织最重要的核心价值，也是世贸组织成员在多边规则框架下处理与其他成员经贸关系的遵循。非歧视涉及最惠国待遇和国民待遇，核心是确保任何成员不得在进出口方面针对某一成员采取歧视性做法。开放涉及关税约束和禁止数量限制，核心是确保任何成员不得随意将进口关税提高到超过其约束水平，不得随意对某一成员产品设立数量限制。改革应维护多边贸易体制的规则基础，为国际贸易创造稳定和可预见的竞争环境。

第二，世贸组织改革应保障发展中成员的发展利益。发展是世贸组织工作的核心。世贸组织明确规定发展中成员可以享受特殊与差别待遇，包括比发达成员更小的市场开放程度、更长的开放过渡期、保留政策空间的灵活性以及接受技术援助等。中方认为，改革应解决发展中成员在融入经济全球化方面的困难，赋予发展中成员实现其经济发展所需的灵活性和政策空间，帮助达成联合国2030年可持续发展目标，缩小南北差距。

第三，世贸组织改革应遵循协商一致的决策机制。规则应该由国际社会共同制定。改革关系到多边贸易体制的未来发展方向，改革的议题选择、工作时间表和最终结果都应由世贸组织广大成员在相互尊重、平等对话的基础上，通过协商一致的方式做出。磋商进程应保证所有成员特别是发展中成员的共同参与，不能由少数成员说了算，也不能搞小圈子。

2. 我国关于 WTO 改革的五点主张

第一，世贸组织改革应维护多边贸易体制的主渠道地位。中方反对个别成员以新概念和新表述"偷换概念""另起炉灶"，混淆并否定多边贸易体制的权威性。改革应维护多边贸易体制在全球贸易自由化便利化进程中的主渠道地位。

第二，世贸组织改革应优先处理危及世贸组织生存的关键问题。目前，个别成员阻挠启动上诉机构成员遴选程序，滥用国家安全例外条款采取征税措施，并以国内法为由采取单边主义措施，冲击多边贸易体制的规则基础。中方认为，改革应尽快解决上诉机构成员遴选问题，并将违反世贸组织规则的单边主义和保护主义做法关进制度的笼子，确保世贸组织各项功能的正常运转。

第三，世贸组织改革应解决贸易规则的公平问题并回应时代需要。中方反对有些成员滥用现有规则漏洞行贸易保护主义之实。改革应解决发达成员过度农业补贴对国际农产品贸易造成的长期扭曲，纠正贸易救济措施滥用特别是反倾销调查中的"替代国"做法对正常国际贸易秩序的干扰。同时，改革应推动世贸组织规则与时俱进，涵盖反映 21 世纪经济现实的议题，例如投资便利化、中小微企业等议题。

第四，世贸组织改革应保证发展中成员的特殊与差别待遇。发展中成员在经济社会发展阶段、产业结构和竞争力、区域发展层次、教育文化水平、社会保障体系、参与国际治理能力等方面与发达成员存在全方位差距，不能简单地用经济总量来衡量。中方反对有些成员借世贸组织改革质疑甚至剥夺一些发展中成员享受特殊与差别待遇的权利。中国是世界上最大的发展中国家，愿意在世贸组织中承担与自身发展水平和能力相适应的义务，但绝不允许任何成员剥夺中国理应享受的发展中成员特殊与差别待遇。

第五，世贸组织改革应尊重成员各自的发展模式。目前，有些成员否认发展模式的多样性，一方面指责其他成员的国有企业、产业补贴等正常的发展模式和政策措施，另一方面限制正常的科技创新成果交流，实际上就是希望维护自身的垄断地位，限制其他成员的发展空间，中方对此坚决反对。改革应取消一些成员在投资安全审查和反垄断审查中对特定国家企业的歧视，纠正发达成员滥用出口管制措施、阻挠正常技术合作的做法。中方反对借世贸组织改革对国有企业设立特殊的、歧视性纪律，也不同意将没有事实依据的指责列为世贸组织改革议题。

（二）提出《中国关于世贸组织改革的建议文件》

在此基础上，2019 年 5 月 13 日，中国向世界贸易组织正式提交了

《中国关于世贸组织改革的建议文件》。中国提出，世贸组织改革的行动领域主要包括如下四个领域：一是解决危及世贸组织生存的关键和紧迫性问题，包括打破上诉机构成员遴选僵局，加强对滥用国家安全例外的措施的纪律，加强对不符合世贸组织规则的单边措施的纪律。二是增加世贸组织在全球经济治理中的相关性，包括解决农业领域纪律的不公平问题，完善贸易救济领域的相关规则，完成渔业补贴议题的谈判，推进电子商务议题谈判开放、包容开展，推动新议题的多边讨论。三是提高世贸组织的运行效率，包括加强成员通报义务的履行，改进世贸组织机构的工作。四是增强多边贸易体制的包容性，包括尊重发展中成员享受特殊与差别待遇的权利，坚持贸易和投资的公平竞争原则。

二、中国关于 WTO 改革和国际经贸规则重构的主要关切

从涉及经贸规则重构方面的内容看，中国关于 WTO 改革主要主张的规则重构主要分为如下几个类型。

第一类是 WTO 既有议题的进一步谈判，包括如下议题和条款：（1）推动渔业补贴议题谈判；（2）推动农业领域谈判；（3）完善贸易救济规则，避免模糊表述、内容缺失，避免实践中的误用和大量滥用，改变针对企业类别、国别的歧视性做法（即国有企业和替代国问题）；（4）通报义务和透明度。

第二类是新兴议题的规则谈判，包括如下议题和条款：（1）推进电子商务议题谈判；（2）推动新议题谈判，包括投资便利化、中小企业；（3）发展中国家差别和特殊待遇；（4）贸易和投资的公平竞争规则，即国有企业规则，重点是国有企业反补贴和对外投资审查。

第三类是当前 WTO 面临的紧迫性问题，包括如下议题和条款：（1）WTO 争端解决机制和上诉机构成员遴选问题。该问题虽不是规则领域的问题，但与未来经贸规则发展息息相关。该问题的起因是美国以争端解

决机制"侵犯"了美国主权为由，阻挠上诉机构人员遴选，迫使 WTO 改革尽快推进并按美国的意图进行，其实质是美国等单边手段与多边规则的关系问题。（2）加严对滥用国家安全例外的措施的纪律。（3）加严对不符合 WTO 规则的单边措施的纪律。见表 4-2。

表 4-2　关于 WTO 改革与国际经贸规则重构的中国立场

四类问题	具体议题	主要观点
解决危及 WTO 的关键和紧迫性问题	上诉机构	尽快启动大法官遴选程序并对改革问题开展实质性讨论
	国家安全例外措施	加强对以国家安全为由的保护主义做法的纪律约束，并对保护主义措施开展多边审议
	单边措施	加强多边监督机制，提高诉讼案件的审理效率
提高 WTO 在全球经济治理体系中的地位	农业协定	逐步削减并最终取消综合支持量（AMS），达成粮食安全公共储备的永久解决方案
	贸易经济	恢复不可诉补贴并扩大其范围，澄清并改进反倾销价格比较、补贴认定、补贴利益确定、反补贴等规则，提高反倾销反补贴调查程序的透明度和正当性，对发展中成员、中小企业和公共利益给予更多考虑
	渔业补贴	落实 2017 年 WTO 部长级会议决定，尽快完成谈判
	电子商务	制定与贸易相关的电子商务多边规则
	其他新议题	建立投资便利化议题的专门磋商机制，探索建立有效政策协调的多边规则框架，给予发展中成员和中小微企业更多的帮助和支持
加强透明度	成员通报义务	发达成员发挥通报义务履行的示范作用，发展中成员努力改进，加强补贴反向通报，对通报义务手册进行更新
	WTO 组织机构效率的提升	改进各机构议事程序以提升工作效率，加强与其他国际组织的合作
增强多边贸易体制的包容性	特殊与差别待遇	加强特殊与差别待遇条款的执行与监督，继续推进该条款的谈判，鼓励发展中成员承担与其能力相符的义务
	贸易和投资的公平竞争（国有企业议题）	不能依据企业所有制的不同设立特殊的、歧视性的规则

资料来源：根据《中国关于世贸组织改革的建议文件》及相关文献（吴朝阳，吴蝉，2021）整理。

第二节　美国的 WTO 改革与经贸规则重构主张

一、主要进程和立场

美国关于 WTO 改革及国际经贸规则重构的观点主要体现在如下几个方面：

一是 2019 年 1 月 15 日，美国向 WTO 总理事会提交了一份有关发展中成员地位及特殊和区别待遇（S&DT）提案《一个无差别的世贸组织——自我认定的发展地位问题》（*An Undifferentiated WTO：Self-declared Development Status Risks Institutional Irrelevance*），提出取消四类发展中国家的特殊及差别待遇。

二是 2019 年 2 月 15 日，美提交《总理事会决议草案：加强 WTO 协商功能的程序》提案。

三是 2019 年 3 月 1 日，美国贸易代表办公室发布的《2019 年贸易政策议程和 2018 年报告》中提出关于 WTO 改革的主张。（1）WTO 必须应对来自所谓"非市场经济"的挑战。报告称，制定 WTO 规则时并未预料到国家主导经济对全球贸易的影响，经贸规则以及上诉机构规则的缺陷导致问题更加恶化，使成员国没有足够的工具来应对国家主导经济的挑战。美欧日正在加强合作，意图制定新的规则和措施来应对该问题。（2）WTO 争端解决必须充分尊重成员主权政策选择。报告称，争端解决机制尤其是上诉机构偏离最初设计，削弱政治可持续性，必须回到开始时的设计。（3）WTO 成员必须遵守通知义务。报告称，目前各国对 WTO 通知义务的遵守不力，导致 WTO 缺乏对重要执行信息的掌握，也造成谈判进展缓慢。美国建议对未履行通知义务的成员追究责任，鼓励其他共同提案国也加入这项工作，同时，更好发挥 WTO 常设机构在提高 WTO

规则透明度方面的作用。（4）WTO对发展处理方式必须调整以反映当前全球贸易现实。上述四大问题是对美国的WTO改革意图与思路的系统阐述，也是美国引领未来国际经贸规则的一个重要抓手和着力点。

四是2020年3月6日，美国贸易代表办公室（USTR）发布中国WTO合规报告。该报告是根据《美中关系法（2000）》第四百二十一节，USTR向国会提交的第十八份关于中国WTO合规的报告。

五是联合欧日连续发布七次联合声明，加大在WTO改革和经贸规则方面的争夺。

六是推动高标准FTA谈判。近年来，美国推动USMCA等一系列高水平FTA，成为引领国际经贸规则变革的重要抓手，对我规则竞争压力日益上升。

二、核心关切

从美方核心立场及与我国立场的差异看，美国在WTO改革上的基本关注点和特点有以下五点：

一是所谓非市场经济挑战问题。其核心是继续炒作中国"市场经济地位"问题，并联合欧日加大对我国规则围堵。该问题是美西方国家对我国实施规则打压的核心问题，不仅与对我国继续实施反倾销"替代国"做法，而且与国有企业、补贴、知识产权等议题密切相关。美加墨协定中关于三国都不得"擅自"与所谓"非市场经济国家"签署协定的"毒丸条款"是标志着美西方将加力炒作该议题以排挤中国的一个危险的苗头。

二是发展中国家待遇问题。其用意是让包括中国在内的国家承担更多国际责任。

三是通知义务问题。这与美国批评我国产业政策、补贴等所谓"不透明"问题相联系，意在加大对我国跟踪和监控，更严格执行对我国规则约束。

四是上诉机构成员任命问题，以及其背后所反映的关于WTO法律与美国国内法的关系问题。美国阻挠上诉机构成员任免的实质在于强调其国内法的优先性，迫使WTO尽快改革以满足美国利益诉求，以继续维持"长臂管辖"，将美国国内法凌驾于WTO国际法之上。

五是所谓现代化议题问题，包括国有企业、知识产权、数字贸易、补贴等。这些内容在美欧日三方联合声明中体现得最为明显，在本文后面部分将进行专门分析。

关于WTO改革与国际经贸规则重构的美国立场见表4-3。

表4-3　关于WTO改革与国际经贸规则重构的美国立场

总体立场	议题	具体观点
重新明确上诉机构的审理职权和范围，提高审理效率，反对启动大法官遴选程序	争端解决机制	上诉机构干涉WTO成员内部法的"越权"问题必须纠正，上诉机构报告不应成为贸易争端裁决的先例和标准，要提高案件审理效率，取消法官任期权仅依据《上诉复审工作程序》第十五条可自动延长的做法
重新认定新兴经济体发展中国家身份，加强在国有企业、产业补贴、强制技术转让和知识产权保护等方面的规则制定	非市场经济体	解决"国家驱动型"经济体对全球经济造成的破坏性影响和对WTO规则的影响，着力解决包括国有企业、强制性技术转让、知识产权保护等方面的不公平贸易做法
	发展中国家	制定发展中国家认定标准，特殊与差别待遇原则的适用需一事一议，"更先进的"发展中国家应做出新的更多的承诺并承担更多的责任
	补贴	消除大规模的扭曲市场的补贴和其他形式的财政支持，尤其要关注由于非市场经济体对国有经济企业进行补贴造成的产能过剩问题
改进通报机制，加大惩戒力度	透明度	WTO成员必须遵守通报义务，对未能履行通报义务的成员进行惩罚，充分利用WTO常设委员会以促进透明度规则的执行；加强成员在农业补贴、渔业补贴、市场准入条件等方面的透明度和通报义务，提高WTO诉讼程序的透明度
支持诸边谈判模式，加快制定渔业补贴和电子商务国际规则	贸易谈判	WTO贸易谈判缺乏效率，可先进行诸边谈判达成诸边协议或部门协议，尽快推动渔业补贴和电子商务规则的谈判

资料来源：根据美《贸易政策议程与年度贸易报告》及相关文献（吴朝阳，吴蝉，2021）整理。

第三节　欧盟的 WTO 改革与经贸规则重构主张

2018 年 9 月 18 日，欧盟委员会向 WTO 提交《WTO 现代化方案》。该方案指出，1995 年以来，世界已经发生变化而世贸组织却没有，因此，应推动 WTO 在三个方面的改革：一是规则制定和发展；二是定期工作和透明度；三是争端解决机制。本章聚焦经贸规则领域，在这一方面，方案提出 WTO 现代化的总目标有二：其一是随着全球贸易的发展，解决对其至关重要的问题；其二是推动 WTO 谈判模式改革，使重要议题可由感兴趣的成员提出，并逐步由部分或全部成员达成协议。具体而言，欧盟关于 WTO 改革和规则重构的观点主要如下[①]：

第一类是公平竞争环境方面的规则，包括如下议题和条款：

（1）提高透明度和补贴通知。欧盟认为，成员所提供的资料不全面，是现行制度在应用上最大的缺点之一。尽管《补贴与反补贴措施协定》已经要求成员通知其补贴，但遵守程度很差，近年来有所恶化。如果补贴不透明，成员们就无法审查彼此的行动，并在寻求执行规则时面临重大障碍。这大大削弱了规则和纪律的作用。这一领域的规则制定应侧重于为世贸组织成员充分履行通知义务创造激励措施。欧盟已经确定了提高透明度和补贴通知的方法，例如，建立一个可反驳的一般推定，根据该推定，如果补贴没有被通知或被反通知，它将被推定为补贴，甚至被推定为造成严重扭曲的补贴。

（2）更好地约束国有企业。欧盟认为，在一些国家，国有企业是国家决定性地管理和影响经济的工具。然而，近年来，国有企业加快发展，

---

① 主要内容来自欧盟的《WTO 现代化方案》并加以提炼。本报告重点关注与规则重构相关的内容，对欧盟关于 WTO 改革的非规则部分的内容进行了适当简化。

但缺乏相应的纪律来约束现行规则下的任何扭曲市场的行为。欧盟建议应在逐案分析的基础上澄清什么是公共机构，以确定国有或国有控制的企业是履行政府职能还是推进政府政策，以及如何评估成员是否对有关企业进行有意义的控制。此外，欧盟应提出规则，涵盖国有企业在被用作推行政府经济政策的工具时提供的扭曲市场的支持，而不是侧重于其自身的经济表现。

（3）更有效地获取最扭曲贸易的补贴类型。现行规则无法充分处理严重干预国际贸易的补贴，例如导致困扰若干经济部门的产能过剩的补贴。这一领域的规则制定应旨在使现行规则下原则上允许的最有害的补贴类型受到更严格的规则约束。例如，扩大被禁止的补贴清单，创建可反驳的严重损害推定。应受到更严格规则约束的补贴类型包括：无限担保、给予没有可信重组计划或双重定价的破产或不景气企业的补贴。

第二类是服务和投资壁垒方面的规则，包括如下议题和条款：

（1）需要解决市场准入壁垒、对外国投资者的歧视性待遇以及扭曲背后的问题。欧盟认为，关于投资的多边规则手册，无论是在服务业还是其他经济部门，都需要更新。要改善外国直接投资的总体市场准入条件（包括服务和非服务部门），并以更全面的方式解决扭曲和歧视性做法，包括法律形式限制和业绩要求。

（2）强迫技术转让。欧盟认为，外国经营者直接或间接被迫与国家或国内经营者分享其创新和技术，已成为一个主要的贸易影响因素。要加强知识产权保护，防止强迫技术转让。

（3）解决数字贸易的障碍。欧盟认为，建立涵盖数字贸易的规则对于通过电子手段消除不合理的贸易壁垒、为公司带来法律保障以及确保消费者的安全在线环境非常重要。新的纪律不仅应涵盖服务贸易，还应适用于所有经济部门。

第三类是实现全球社会的可持续性目标,包括如下议题和条款:消除最有害的渔业补贴。这也是《多哈宣言》明确授权的谈判领域。

第四类是在发展目标背景下对灵活性采取新办法的建议,包括如下议题和条款:

(1)发展中国家特殊与差别待遇问题。欧盟认为,应该允许发展中国家获得它们实现发展目标所需的援助和灵活性,但需要改变灵活性的制定和实施方式,以确保那些真正需要灵活性的成员能够获得灵活性。为了推进这一辩论,欧盟应提出以下建议:

①毕业:应积极鼓励成员"毕业"并选择退出特殊和差别待遇。鼓励各成员澄清它们在哪些领域实际使用了现有的灵活性,并提出路线图,详细说明它们预计何时能够承担世贸组织协定规定的所有义务。这可以成为成员贸易政策审查进程的一个组成部分。

②未来协定中的特殊和差别待遇:在承认最不发达国家需要特别灵活的待遇的同时,其他成员可以利用的灵活性应该从无限制的整体豁免转向需求驱动和基于证据的方法,以确保特殊和差别待遇的针对性。

③现有协定中的额外特殊和差别待遇:尽管目前协定中的现有特殊和差别待遇条款不应受到质疑,但当成员要求额外特殊和差别待遇时,应仅在逐案分析的基础上进行,依据是:一是明确确定受所述规则影响的发展目标;二是对该规则的影响及其放宽的预期好处的经济分析;三是对所要求的灵活性对其他世贸组织成员的影响的分析;四是要求灵活性的时间期限及其适用范围的说明。见表4-4。

表 4-4　关于 WTO 改革与国际经贸规则重构的欧盟立场

总体立场	议题	具体观点
强调通过 WTO 规则的现代化改革建立自由公平的市场竞争环境	产业补贴	《补贴与反补贴措施协议》（简称 SCM 协议）存在缺陷，缺乏效力，无法充分约束那些严重扭曲国际贸易的恶意补贴；应扩大禁止性补贴清单，提高透明度和加强补贴通报，如果一项补贴没有得到通报或被反通报，应被推定为补贴，甚至被推定为造成严重损害的补贴
	国有企业	《补贴与反补贴措施协议》中对"公共机构"的解释过于狭窄，应该对"公共机构"给出更为明确的定义，增强成员对国有企业控制水平和程度的透明度，加大对以国有企业作为政策工具实施政府职能做法的审查力度
	强制技术转让与知识产权保护	更新投资领域的多边规则，全面改善外国直接投资的整体市场准入条件，通过加强国民待遇和公平透明的国内监管以解决对外国投资者歧视性待遇与强制技术转让问题，加强对知识产权的保护
	特殊与差别待遇	通过毕业机制、差异化、宽限期等方式，在个案分析的基础上考虑特殊与差别待遇的授予，毕业的形式可以采取整体水平的毕业，也可以采取逐个协定或者逐个领域的毕业
提高 WTO 日常运行效率，采用"开放式诸边"谈判模式，改进通报机制，加大惩戒力度	WTO 运行机制与通报机制	精简效率低下的委员会，尤其是那些在特定时刻应特殊需求而成立的委员会，建议一些议题可考虑"开放式诸边"模式提高谈判效率，加强对成员履行通报义务的日常监督
	透明度	建立更有效的委员会级别的监督，加强贸易政策审查机制，改进遵守通报情况的激励措施，对不履行通报义务的成员进行惩罚，倡导应对式通报等方式以增强各成员遵守通报规则
提高上诉机构审理效率，加强透明度，改进法官选任制度，尽快启动新法官遴选程序	上诉机构	全面修订争端解决机制中有关上诉机构职能的规定，修改《关于争端解决规则与程序的谅解》（DSU）第 17.5 条中的 90 天规则，规定"在任何情况下，诉讼不得超过 90 天，除非当事人另有约定"；增强上诉机构的透明度和磋商义务；改革人事制度安全，提高处理争端的效率
加快推进数字贸易领域国际规则的制定	数字贸易	数字贸易规则应符合欧盟数据保护框架下的跨境数据传输规则，建立数据安全体系，保护用户隐私
加快推进环境与社会的可持续发展	贸易与环境	加快推进渔业补贴谈判取得实质性成果，加强 WTO 对贸易与环境、气候议题的关注，并将《巴黎协定》作为未来协定的基本内容

　　资料来源：根据欧盟 2018 年发布的《WTO 现代化改革综合方案》及相关文献（吴朝阳，吴蝉，2021）整理。

第四节　美欧日三方机制的 WTO 改革与 经贸规则重构主张

美欧日三方机制自启动以来，引发国际社会广泛关注。该机制目前已经成为美国推动 WTO 改革和重构经贸规则，加大对我国规则围堵的重要"三边集团"。七次联合声明也集中体现了美西方国家关于未来国际经贸规则和国际经济秩序的主要观点。因此，有必要单独对七次联合声明进行单独的考察，见表4-5。

表 4-5　美欧日七轮联合声明对 WTO 改革与国际经贸规则重构的主要议题关切

声明	议题	内容
第一轮 布宜诺斯 艾利斯 （2017年 12月12 日）	1. 政府补贴 2. 国有企业 3. 强制技术转让	三方认为："政府财政资助及支持产能扩张等措施加剧了关键部门的严重过剩产能，扭曲市场的大额补贴所导致的不公平竞争条件、国有企业、强制技术转让、本地化要求和偏好等等，在国际贸易正常运转、技术创新和全球经济持续增长等方面成为严重关切。为解决这一重大关切，我们一致同意，在 WTO 和其他论坛增强三方协作，以求消除第三方国家的这些及其他不公平扭曲市场和贸易保护主义行为。"
第二轮 布鲁塞尔 （2018年3 月10日）	1. 批评非市场导向政策	三位部长确认三方的共同目标是应对非市场导向的政策和做法所导致严重产能过剩、给工人和商业所造成的不公平竞争、阻碍对创新技术的发展和使用、削弱国际贸易的正常功能包括现存规则不起作用等
	2. 产业补贴	为发展更严格的产业补贴规则确定依据，并协作以维护现有纪律，从而解决市场扭曲和产能过剩的问题
	3. 关于 WTO 争端解决、监管、信息披露等内容	通过协同处理世贸组织当前的和新的争端，执行现有的规则；在世贸组织常设机构中协作以提高世贸组织监管作用的有效性和效率，包括加强通知要求；与政府相关部门进行沟通，通过实现双方各自框架中的信息交换以及考虑未来可能的协调手段，着眼于在投资筛选上的合作；与政府相关部门进行沟通，推动出口信贷国际工作小组基于新一套指导方针的工作；加强对于贸易扭曲行为的信息共享；在诸如 G7、G20、经济合作与发展组织的国际论坛上，以及在诸如全球钢铁论坛及有关部门会议中进行紧密沟通协调

续表

声明	议题	内容
第三轮 巴黎 （2018年5月31日）	1.批评非市场导向政策，确立市场导向条件的标准	部长们以解决非市场化的政策和做法为目标，以避免产能过剩，营造本国企业和工厂参与公平竞争的环境，促进创新技术的开发和使用，维护现有规则。 通过附件3《关于市场导向条件的联合声明》，规定：市场导向条件包括如下标准：（1）企业对价格、成本、投入、购销的决定，是根据市场信号自由决定和做出的；（2）企业的投资决策是根据市场信号自由决定和做出的；（3）资本、劳动力、技术等要素的价格由市场决定；（4）企业的资本配置决定或者影响企业的资本配置决定，是根据市场信号自由决定和做出的；（5）企业实行国际公认的会计准则，包括独立核算；（6）企业适用公司法、破产法、私有物权法；（7）在上面描述的企业商业决策中没有明显的政府干预
	2.产业补贴	通过附件1《欧盟—日本—美国为制定更严格的产业补贴规则奠定基础的范围文件》，规定今后的谈判应达到下列目标：（1）需要提高透明度。（2）需要更好地解决公共机构和国有企业的问题。（3）需要制定更有效的补贴规则。三个合作伙伴同意：（1）应该直接禁止最有害的补贴类型，或者证明补贴不会对他人造成商业伤害。（2）制定新规则，为解决与产能过剩相关的补贴问题提供有针对性的补救措施。（3）寻找加强WTO规则规定的方法，以便更大程度地收集有关补贴及其效果的信息
	3.强制技术转让	通过附件2《关于技术转让政策和做法的联合声明》，规定： 部长们讨论了他们对第三国有关技术转让的政策和做法日益感到关切的问题。 部长们确认了他们的共同观点，即任何国家都不应要求或向国内公司施加压力，从外国公司向本国公司转让技术，包括，例如，通过使用合资企业的要求、外国股权的限制、行政审查和许可程序或其他手段。 部长们讨论了监管措施的有害影响，这些措施迫使跨国公司向东道国企业以非市场原则转移技术。 部长们讨论了需要建立和分享最佳实践，避免由政府促进外国公司向国内企业转让技术。 部长们谴责政府如下行为，即支持未经授权侵入和窃取外国公司的计算机网络，以获取其敏感的商业信息和商业机密，并将这些信息用于商业目的。 部长们一致认为，上述政策和做法为我们的工人和企业创造了不公平的竞争条件，阻碍了创新技术的发展和使用，并破坏了国际贸易的正常运作
第四轮 纽约 （2018年9月25日）	1.批评非市场导向政策	部长们重申关注并确认了他们共同的目标，即解决第三国的非市场化政策和做法，这些做法导致严重的生产能力过剩，为工人和企业创造不公平的竞争条件，妨碍开发和使用创新技术，破坏国际贸易的适当运作，导致现有规则失效

续表

声明	议题	内容
第四轮纽约（2018年9月25日）	2.产业补贴和国有企业	在加强工业补贴和国有企业规则的基础上，包括如何制定有效的规则来解决国有企业扭曲市场行为。 三边伙伴继续探讨如何增加透明度，以及如何加强获得补贴信息的能力
	3.强制技术转让	部长们谴责对外国公司计算机网络的入侵并非法获得商业信息和商业机密。部长们还同意深化对各种有害技术转让政策和做法及其影响的调查和分析。 部长们申明承诺采取有效手段制止有害的强迫技术转让政策和做法，为此目的，深化关于执法和制定规则的讨论，以此作为解决这些问题的工具
	4.WTO改革&发展中国家待遇	过于宽泛的发展分类，加上自我指定的发展地位，阻碍了世贸组织谈判新的、贸易扩大的协定并损害其效力的能力。部长们呼吁要求发展中国家地位的先进世贸组织成员在目前和未来的世贸组织谈判中做出充分承诺
	5.数字贸易	部长们欢迎世贸组织电子商务联合声明倡议下的探索性工作的进展。他们同意加快这一进程，加深各成员之间对未来数字贸易协定中可能包括的内容的理解，其目的是更新世贸组织规则，及时展开一项高标准协定的谈判
	6.其他议题，包括：外资安全审查，出口信贷	部长们确认了相互协调的重要性，以减轻贸易和外国投资对其国家安全的风险，分享最佳做法，交流关于外国投资审查机制的信息。 部长们欢迎出口信贷国际工作组的三方合作，以便在2019年尽快制定一套新的政府支助出口信贷准则。 部长们重申了他们在国际论坛上的合作，例如G7、G20和经合组织，以及在诸如钢铁过剩产能问题全球讲坛等，以解决扭曲市场的措施
第五轮华盛顿（2019年1月9日）	1.批评非市场导向政策	部长们深入讨论了解决第三国非市场导向政策和做法问题的共同目标，第三国非市场导向政策和做法导致严重产能过剩，给第三方国内工人和企业创造了不公平的竞争条件，阻碍创新技术的开发和使用，破坏了国际贸易的正常运作，并使得现有规则无效。 关于非市场导向的政策和做法的关切，部长们总结了各方之间信息交换的强化，其他市场导向条件指征的识别，并确认市场导向条件的环境是公平互惠的全球贸易体系的基石，也是公民和企业在市场导向条件下运作的基础。部长们还确认他们承诺继续共同努力，包括通过正在进行的WTO争端，维持现有WTO纪律的有效性
	2.产业补贴	部长们指示各方工作人员在春季前推进相关三方协议文本工作，以便在此之后酌情与WTO其他主要成员进行接触
	3.强制技术转让	部长们确认他们同意就执法、新规则制定、国家安全目的的投资审查以及出口管制等领域进行合作，并在春季之前对合作情况进行盘点

续表

声明	议题	内容
第五轮 华盛顿 （2019年1 月9日）	4.WTO改革，包括：透明度；发展中国家待遇	三方于去年11月与其他成员方向货物贸易理事会递交了一份有关透明度和通知改革的联合提案，部长们同意加强与其他贸易伙伴的接触，以推进这项提案。三方确认同意推动各常规委员会活动。三方重申了对WTO成员发达国家地位的态度，要求发展中国家在WTO正在进行和未来的谈判中做出完全承诺
	5.数字贸易	三方重申了推动数字贸易和数字经济增长中的合作，以及通过提升数据安全改善商业环境的重要性。确认对尽快启动关于贸易相关电子商务方面WTO谈判的支持，以期在尽可能多的WTO成员的参与下达成高标准协议。三方期待在日本担任G20轮值主席期间，在G20部长级会议上就贸易和数字经济方面达成进一步合作
第六轮 巴黎 （2019年 5月23 日）	1.批评非市场导向政策	部长们就解决导致严重产能过剩、为其工人和企业创造不公平竞争条件、阻碍创新技术开发和使用的第三国非市场导向政策和做法的共同目标进行了深入讨论，并讨论了解决这些问题所需的各种工具。关于非市场导向的政策和做法，部长们评估了他们之间加强信息交流的情况，确保他们的公民和企业在市场导向的条件下运作。部长们还重申将继续共同努力，保持现有世贸组织纪律的有效性
	2.国有企业	部长们对第三方将国有企业发展成为国家龙头企业、扰乱市场导向的贸易并引导这些国有企业主导全球市场日益感到担忧。部长们还对国有企业的非市场优势和非市场行为感到关切，这些行为会造成扭曲，对部长们母国的农民、工人和企业产生负面影响。部长们重申致力于采取有效手段解决这些问题
	3.产业补贴	在工业补贴问题上，部长们欢迎就提高透明度、确定应予严格对待的有害补贴以及确保使用适当基准等基于文本的工作进行的讨论取得的进展。部长们指示其工作人员继续努力，完成三方基于文本的工作，以便与世贸组织其他主要成员进行接触，以启动关于加强工业补贴和国有企业纪律的谈判。双方还同意就加强工业补贴规则以应对市场扭曲的必要性扩大与WTO主要成员的联系。他们还欢迎解决非市场扭曲和补贴问题的世贸组织争端方面开展的密切合作
	4.强制技术转让	在强制技术转让领域，部长们确认同意就执法、制定新规则、为国家安全目的进行投资审查和出口管制进行合作，并进一步评估这种合作
	5.国际投资	部长们确认了正在进行的三方投资审查机制合作，欢迎有关部门深化合作，包括分享风险分析和缓解方法的最佳做法
	6.WTO改革，包括：透明度，发展中国家地位	在世贸组织改革方面，三个合作伙伴于4月与其他共同发起国一起向货物贸易理事会提交了一份修改后的透明度和通报建议，部长们同意加强与其他贸易伙伴的接触，以提高WTO成员对旨在尽早达成协议的现有WTO通知义务的遵守程度。他们确认同意努力加强常设委员会的活动。部长们欢迎世贸组织正在讨论在当前和未来的世贸组织谈判中处理特殊和差别待遇问题。他们重申呼吁主张发展中国家地位的世贸组织先进成员在世贸组织谈判中做出全面承诺，并赞赏一些世贸组织成员已表示有意这样做
	7.出口信贷	部长们呼吁出口信贷国际工作组加快工作，力争在2020年前就新的国际出口融资规则达成共识，为出口信贷创造公平竞争环境

续表

声明	议题	内容
第七轮华盛顿（2020年1月14日）	1. 产业补贴	其主要内容可归纳如下： （1）增加新的禁止性补贴类型；（2）规定部分补贴类型举证责任倒置；（3）将产能过剩增列为 ASCM 第6.3条中对他成员利益构成严重损害的情形之一；（4）强化补贴通报责任和激励；（5）规定更明确的采用替代性价格而非国内价格的情况；（6）推动将国有企业划为"公共机构"
	2. 强制技术转让	部长们重申，不同国家公司之间的技术转让是全球贸易和投资的重要组成部分；公平、自愿和基于市场原则的技术转让对增长和发展是互利的；他们还重申，当一个国家被迫进行技术转让时，其他国家就失去了从公平、自愿和基于市场的技术和创新流动中获益的机会；这些不公平做法不符合以市场原则为基础的国际贸易制度，损害增长和发展。 部长们讨论了旨在防止第三国强制技术转让做法的核心纪律的可能要素，要推动就解决强迫技术转让问题的必要性与其他 WTO 成员进行接触并达成共识，并承诺采取有效手段制止有害的强迫技术转让政策和做法，包括通过出口控制、出于国家安全目的的投资审查
	3. 其他议题	部长们还评估了关于下列项目的讨论和联合行动的进展情况，并同意继续就此进行合作：以市场为导向的条件对自由、公平和互利的贸易制度的重要性；改革世贸组织，包括增加世贸组织成员履行现有的世贸组织通报义务，并敦促声称发展中国家地位的先进世贸组织成员在正在进行的和未来的世贸组织谈判中做出全面承诺；世界贸易组织关于电子商务与贸易有关方面的国际规则制定；全球钢铁过剩产能论坛和政府半导体会议等国际论坛

资料来源：根据美欧日七轮联合声明内容整理。

从核心议题看，美欧日联合声明主要关注如下八个方面的内容：

（1）提出"市场导向条件"规则，批评所谓非市场经济政策造成产能过剩、市场扭曲、创新受阻、不公平竞争和发达国家失业。

（2）加强产业补贴规则，需要提高透明度，更好地解决公共机构和国有企业的问题，制定更有效的补贴规则。

（3）强化国有企业规则。

（4）批评和阻止强制技术转让，规定任何国家都不应要求或向国内公司施加压力和限制，强制从外国公司向本国公司转让技术，这些限制包括合资企业的要求、外国股权的限制、行政审查和许可程序等。谴责未经授权侵入和窃取外国公司的计算机网络，以获取其敏感的商业信息和商业机密，并将这些信息用于商业目的的行为。

（5）发展中国家划分标准和特殊与差别待遇规则。批评WTO过于宽泛的发展分类，加上自我指定的发展地位。主张拥有发展中国家地位的部分发展水平已经很高的世贸组织成员在目前和未来的世贸组织谈判中做出充分承诺。

（6）建立数字贸易规则，推动数字贸易和数字经济增长中的合作，主张提升数据安全，改善商业环境。力主在G20等平台框架下达成合作协议。

（7）争端解决机制与WTO改革管理和运行层面的规则，包括争端解决机制和上诉机构成员任命的恢复，提高WTO透明度，强化通报义务等。

（8）其他相关议题，包括出口信贷规则，外资安全审查规则等。

第五节　加拿大等国的 WTO 改革与经贸规则重构主张

一、加拿大关于 WTO 改革的主要观点

2018年9月21日，加拿大向WTO提交《加强和现代化世贸组织的讨论文件》。加拿大认为，目前促进贸易的规则和制度似乎越来越脆弱，WTO的三个主要职能都受到了影响：一是对现有承诺的监督似乎无法遏制不断升级的贸易紧张局势；二是争端日益复杂，争端解决机制难以满足需求；三是更新贸易规则以反映现代经济现实的长期谈判仅取得了适度的结果。对此，加拿大提出了改革WTO的三大主题，即提高WTO监督职能的效率和效力，维护和加强争端解决机制，推动21世纪贸易规则的现代化。

（一）提高 WTO 监督职能的效率和效力

监控现有协议的实施、管理和运作是运作良好的基于规则的交易系统的核心。透明的信息共享和审议有助于成员了解彼此的措施以及如何以最小的贸易限制实现政策目标。透明度建立了对贸易体系的信心，并为国际市场提供了确定性。改进监督职能涉及提高世贸组织的常规机构的效率和效力。考虑在如下三个领域采取行动：

一是提高国内措施的通报和透明度。

二是提高审议的能力和机会。

三是改善解决具体贸易问题的机会和机制。在一些常规机构讨论中可以澄清对特定贸易措施的担忧甚至解决争议，而无须正式的争端解决程序。通过在所有常规机构中提供更强大的机制，在相关机构之间共享有关具体问题的信息，并在适当时提供保密的调解，可以改善这种交流的机会。

（二）维护和加强争端解决机制

一是转移一些争议或裁决问题。陈旧的贸易规则、日益复杂的争端以及自我克制的削弱，使争端解决机制负担过重。可以通过重新承诺自我约束、改进和使用替代机制来解决争端，或至少缩小其范围。

二是简化审判程序。争端解决程序的复杂性和越来越长的时间损害了该机制的可及性，为短期贸易扭曲措施和单边反措施提供了动力。可以使裁决程序更加灵活和适应争议的不同性质。要精简争端解决系统并使其更具适应性。

三是更新和确保上诉审查。解决任命上诉机构成员的僵局，将上诉机构成员组成补充完整。

（三）21 世纪贸易规则的现代化

一是确定规则现代化的优先事项。第一，WTO 谈判悬而未决的议题，包括农业规则和发展问题。第二，现代化经济规则，包括数字贸易、包容性贸易、可持续发展、中小微企业、投资和国内监管等。第三，关于对竞争环境的扭曲问题，包括国有企业、产业补贴、强制技术转让、透明度。

二是实现规则现代化的手段。推动规则谈判可采取如下方式，如诸边协议，最惠国基础上的开放式协议等。

三是发展维度即发展中国家待遇问题。需要一种新方法，即承认国际贸易为实现发展目标而需要灵活性，同时承认并非所有国家都需要或应该受益于相同程度的灵活性。为此，建议制定新的分类标准，对义务、国家、过渡期等加以规定。

二、加拿大等 12 国的 WTO 改革与经贸规则重构主张

2018 年 10 月，加拿大、澳大利亚、巴西、智利、日本、肯尼亚、韩国、墨西哥、新西兰、挪威、新加坡、瑞士 12 国和欧盟联合发布《关于世贸组织改革的渥太华部长级联合公报》，阐述其关于 WTO 改革和规则重构的观点。

公报重申支持以规则为基础的多边贸易体制，强调世贸组织在促进和维护贸易方面发挥不可或缺的作用，对保护主义抬头深感关切，认为保护主义对世界组织造成负面影响，使整个多边贸易体制面临风险。各方承诺在政治上紧急推进世贸组织透明度、争端解决和制定 21 世纪贸易规则，并确定了三个需要紧急审议的领域。

第一，强调争端解决机制是世贸组织的核心支柱。有效的争端解决机制保护 WTO 成员的权利和义务，并确保规则的可执行性。迫切需要消除对上诉机构成员任命的障碍。

第二，重振世贸组织的谈判职能。一是推动渔业补贴谈判，更新其可持续发展目标和 21 世纪的规则。二是需要解决补贴和其他手段造成的市场扭曲问题。三是认为发展必须仍然是我们工作的一个组成部分。我

们需要探讨如何在制定规则的努力中最好地实现包括特殊和差别待遇在内的发展问题。

第三，加强贸易政策监测和透明度。关注 WTO 成员履行其通报义务的总体记录，主张改进通报义务，提高相关协议的透明度，确保成员能够及时了解合作伙伴采取的政策行动。

三、加拿大关于 WTO 改革和国际经贸规则重构的核心关切

从以上内容可以看出，加拿大等国对新一轮国际经贸规则的重构主要关注以下六个方面的内容（见表 4-6）：

（1）推动经贸规则现代化，包括数字贸易、包容性贸易、可持续发展、中小微企业、投资和国内监管等。

（2）推动关于限制对经贸合作的扭曲，包括国有企业、产业补贴、强制技术转让、透明度。

（3）发展中国家地位问题，强调通过优化方法，推行新的发展中国家标准。

（4）WTO 谈判的传统难点议题，包括农业规则和发展问题。

（5）争端解决机制问题。

（6）透明度等提高 WTO 监督职能的效率和效力问题。

表 4-6　关于 WTO 改革与国际经贸规则重构的加拿大立场

总体立场	议题	具体观点
加强贸易政策的透明度，提高 WTO 监督职能效率，通过更多的讨论与沟通解决问题	透明度	增强国内政策措施的通报义务和透明度
	WTO 的审议能力	提高 WTO 的审议能力和机会，WTO 常设机构对相关议题进行更为及时的审议，高代表性成员的通报能力和责任，充分发挥秘书处在这方面的作用
	解决贸易关切的其他途径	寻求争端解决程序以外的解决方式。例如，给予议题更多的关注与讨论，在有关机构之间共享争端或议题的信息等，并为 WTO 相关职能部门提供这方面的支持

续表

总体立场	议题	具体观点
通过引入第三方调解、缩小争端解决机构负责范围、简化裁决程序等方式给争端解决机制"减负",明确上诉机构的职权和审理范围,尽快恢复争端解决机制功能	争端解决机制的维护与加强	寻求争端解决机制的替代机制,如引入第三方调解,缩小争端解决机构(DSB)负责范围,将某些争端或议题移出仲裁等
	裁决程序简化	使裁决程序更加灵活,包括制定解决特定类型纠纷的替代程序,制定现有程序的补充程序,设立促进专家组合上诉机构互动的机制等
	上诉机构审议	对上诉机构某些议题的审议施加约束性和非约束性指导,可通过对争端中的具体问题开展专门讨论
	上诉机构的"越权"问题	缩小"咨询意见"的范围,明确上诉机构对专家组的审议标准,明确调查结果和国内法的关系,使上诉机构的审查集中在法律问题上,强调上诉机构和专家组的解释仅适用于该争端,在上诉机构无法按时裁决时,制定与各方进行磋商的指导性意见
确定贸易规则现代化的优先事项,支持开放的诸边主义,承认"共同但有区别的责任"的必要性,但长期目标是"共同的责任"	规则现代化的优先事项	确定WTO规则现代化的优先事项,包括多哈回合中的农业支持、贸易和发展等传统议题,数字贸易、包容性贸易、可持续发展、中小微企业、投资和国内监管等热点议题,以及由于国有企业、产业补贴和强制技术转让等带来的市场扭曲议题
	规则现代化的具体路径	开放式诸边协议、封闭式诸边协议(例如政府采购协议);WTO框架之外的封闭式协议(例如TiSA协议)在某些情况下也是可行的
	特殊与差别待遇	承认发展阶段的不同与过渡期的合理性,区别对待义务、国别和过渡期,并将国家能力与义务挂钩,但长期目标应是全体成员共同承担并充分履行所有的义务

　　资料来源:根据加拿大 2018 年发布的《加强 WTO 使之现代化:交流讨论稿》及相关文献(吴朝阳,吴蝉,2021)整理。

第六节　最不发达国家的 WTO 改革与经贸规则重构主张

　　关于 WTO 改革和经贸规则重构,最不发达国家主要关心上诉机构改革、通报和透明度、理事会和委员会的程序等方面的内容。受限于其自身经济发展的水平和阶段,最不发达国家对补贴、国有企业、数字经济等新议题的具体建议较少。系统阐述最不发达国家主张的是 2019 年 12

月乍得代表最不发达国家集团提交的关于世贸组织改革的建议，该建议重点讨论了如下几个议题。

一、上诉机构改革

最不发达国家集团认为，一个正常运转的争端解决机制，包括公平和有效的上诉审查，对世贸组织的作用至关重要。公平和有效的上诉审查提供了基本的可信性，维持了为包括最不发达国家成员在内的所有WTO成员提供服务的基于规则的体系。因此，最不发达国家集团敦促所有成员：（1）仔细审查非正式进程促进者提出的总理事会决定草案（JOB/GC/222），以期尽快做出最后决定；（2）立即启动遴选程序，以填补上诉机构的空缺职位；（3）在关于上诉机构改革的任何进一步讨论中，避免制定会造成行政负担或增加复杂性的规则和程序，从而不成比例地影响潜在最不发达国家或争端第三方；（4）在任何有关提高上诉机构能力的讨论中，考虑鼓励从最不发达国家提名上诉机构成员的可取性；（5）在争端解决程序的每个阶段，对最不发达成员能够提供法律建议和帮助。

二、通知和透明度

最不发达国家集团认识到，有效的透明度和通报要求非常重要，包括发达成员在内的所有WTO成员都需要改进对这些要求的实施。在这方面，发达国家成员应以身作则。最不发达国家集团不支持对最不发达国家成员施加新的通知和透明度义务，除非这些新义务充分考虑到最不发达国家的能力限制。应向最不发达国家成员提供技术和资金援助，以履行其通知和透明度义务。最不发达国家集团在任何情况下都不支持对最不发达国家成员实施惩罚性措施，包括因拖欠WTO会费而没有资格获得技术援助。应为最不发达国家成员设想更积极的激励和解决办法。应审查通报方面的现有困难，并应根据需要，简化最不发达国家成员的模板和程序。其他成员在提交旨在改善和执行通报义务的改革建议时，应承认最不发达国家成员在满足各种WTO协定中规定的通报期望方面所面临的困难。

三、理事会和委员会的程序

为便利在世贸组织理事会和委员会适用程序，最不发达国家集团支持有必要事先澄清一个成员可能提请另一个成员注意的"贸易关切"概念的定义和范围。建立更好和更有组织的会议程序，改进世贸组织理事会和委员会的职能。不支持缩短最后期限、成员之间就贸易相关措施的信息进行有组织的书面交流以及相关的主席协商程序，因为这些将对最不发达国家成员造成不成比例的更大负担。最不发达国家集团支持通过避免各理事会和委员会之间的时间表冲突、避免无书面记录的不限成员名额会议的泛滥以及要求在货物贸易理事会会议之前分发注释议程来提高透明度的建议。鉴于许多最不发达国家成员的语言情况，工作组还非常重视维持充分的笔译和口译服务。关于部长级会议，最不发达国家集团支持在筹备和组织部长级会议的决策过程中充分体现透明和包容。

第五章 国际经贸规则重构的核心议题
与发展走向

当前，新一轮国际经贸规则重构呈现以 WTO 规则为基础，朝高标准、新议题领域深化拓展的态势。与 WTO 框架下的已有规则相比，以高标准 FTA 规则及 WTO 改革为主要内容的国际经贸新规则总体上可分为如下三类。一是继承型规则，即 WTO 条款的相关规定在高标准 FTA 等规则中基本得到保持和沿用。继承不是完全照搬，而是存在变化和调整，只不过这些调整不具有实质性意义，并且在规则传承中不占主流。二是深度发展型规则，即 WTO 条款的相关规定在高标准 FTA 等新规则中得到深化、强化和标准提高，比如对贸易规则的要求更加严格，对体制性合作和边境后治理更加重视等。三是广度发展型规则，即新规则对 WTO 中没有涉及或系统规定的领域加以补充，增加了对新的政策领域的要求和安排，实现了国际经贸规则的广度拓展。从上述三种分类看，后两类规则是考察国际经贸规则走势需要重点关注的内容，见表 5-1。

表 5-1 以 TPP 为代表的高标准规则与 WTO 的继承发展情况

类型	继承	深度发展	广度发展
TPP 相关章节	1. 初始条款和一般定义 5. 海关管理和贸易便利化 6. 贸易救济 27. 管理和制度性条款 28. 争端解决 29. 例外和总则 30. 最终条款	2. 货物的国民待遇和市场准入 3. 原产地规则和原产地程序 4. 纺织品和服装 7. 卫生和植物卫生措施 8. 技术性贸易壁垒 9. 投资 10. 跨境服务贸易 12. 商务人员临时入境 13. 电信 15. 政府采购 18. 知识产权 23. 发展	11. 金融服务 14. 电子商务 16. 竞争政策 17. 国有企业和指定垄断 19. 劳工 20. 环境 21. 合作和能力建设 22. 竞争力和商务便利化 24. 中小企业 25. 监管一致性 26. 透明度和反腐败

资料来源：根据有关资料整理。

在以上分析中，最能代表未来经贸规则重构方向的议题还应具有如下特征：一是该领域规则关涉当前世界经贸格局的核心关切和重大矛盾，各方争论较大且改革势在必行；二是该领域议题对其他领域议题具有密切联系和较强联动作用；三是该领域议题应侧重 21 世纪经贸规则的现代化问题，而不以 WTO 事务性工作等具体问题为主。根据以上特征，本章将发展中国家待遇、市场导向条件、国有企业与竞争中性、补贴、知识产权保护与强制技术转让、电子商务和数字贸易等六大领域议题作为重点分析对象。上述领域的规则变化是未来国际经贸规则重构的重点。

第一节 发展中国家待遇

近年来，发展中国家待遇规则成为 WTO 改革的重要热点议题。该议题的焦点是关于发展中国家地位的认定标准。WTO 及其前身关贸总协定中并没有关于"发展中国家"的定义和标准，成员在加入时采用"自我声明"的方式选择是否以发展中成员身份加入。目前 WTO 中的发展中成员占其全部 164 个成员的三分之二。

关于发展中国家待遇议题的规则重构，其焦点主要可以分为两个部分：一是关于发达国家与发展中国家的划分标准；二是关于特殊与差别待遇的具体内容，即发达国家向发展中国家承担哪些具体的支持义务。

从 WTO/GATT 体系下该规则的发展看，2000 年之前，该议题的矛盾焦点主要是对发展中国家给予何种特殊和差别待遇。彼时，关于发达国家与发展中国家的划分标准虽偶有提及，但并非规则博弈的焦点。进入21 世纪以来尤其是 2017 年以来，关于发达国家与发展中国家的划分标准才迅速成为规则发展的焦点问题，引发全世界普遍关注。

一、WTO/GATT 体系内发展中国家待遇条款的演变

发展中国家待遇规则是近 70 年来发展中国家不断争取和斗争的结果。最初关于发展中国家待遇规则的规定起源于关贸总协定的筹备阶段，当时以美国为首的发达国家不同意发展中国家另立规则，而是作为例外存在。GATT 1947 第十八条同意发展中成员为保护本国工业发展而背离关贸总协定义务，其前提是需取得一致同意。从使用范围方面，第十八条第四款对发展中成员进行了初步界定，规定：（1）经济只能维持低生活水平且处在发展初期阶段的缔约方，有权按本条 A、B、C 节暂时偏离本协定其他条款的规定；（2）经济处于发展过程中但不属于（1）项范围内的缔约方，可根据本条 D 节向缔约方全体提出申请。

20 世纪 50 年代后，随着越来越多的发展中成员加入关贸总协定，对发展中国家待遇问题的呼声越来越高。1955 年，在对 GATT 1947 第十八条的修订中，首次承认发展中国家成员在履行关贸总协定某些义务时拥有一定灵活性。但该条款仅仅从保护发展中成员的国内幼稚产业角度进行规定，并未提出对该类成员出口贸易的任何支持条款，且该条款适用性不高，保障效力有限。

20 世纪 60 年代前后，在民族解放运动推动下，第三世界影响力大

增，但经济发展面临大宗初级产品价格波动、外汇短缺、债务压力巨大等问题，普遍希望改革国际经济秩序，改善发展中成员的贸易条件，纷纷围绕发展中国家待遇与发达国家展开激烈角逐。如 1964 年 6 月，77 个发展中经济体在首届联合国贸易与发展会议上联合发表《77 国联合宣言》，要求发达国家单方面给予发展中成员以"非互惠的普惠待遇"。在这些因素推动下，关贸总协定于 1964 年当年召开起草"贸易与发展"一章的特别缔约大会，并于 1966 年生效。该章节中，发达国家明确承认了非互惠原则，承认增加发展中成员出口收入对其发展的重要性，并同意对发展中成员实施非互惠的关税减让。但作为政治妥协的产物，该条款政治性强但法律规范性和适用性弱，约束力相对不足。

20 世纪 70 年代的东京回合谈判是一个重要转折点，在发展中国家待遇方面取得重要进展。早在 1971 年 6 月，关贸总协定缔约方达成决议，批准普惠制方案，豁免普惠制对最惠国待遇的违反，豁免期 10 年。普惠制（Generalized System of Preferences，GSP）是全球 32 个发达国家对发展中国家出口产品给予的普遍的、非歧视的、非互惠的优惠关税，是在最惠国关税的基础上对发展中国家进一步减税以至于免税的一种特惠关税。在此基础上，1979 年 11 月，关贸总协定全体缔约方通过了《关于差别和更优惠待遇、互惠及发展中国家的进一步参与的框架性协议》（即"授权条款"），规定发达成员与发展中成员之间或者发展中成员内部之间，可以建立背离最惠国待遇义务的优惠制度安排，并将 10 年豁免期延长为永久豁免。该文件为发展中成员的特殊和差别待遇奠定了法律基础，标志着发达成员对发展成员的态度发生较大转变，从法律上确认了普惠制的合法性。但一方面，协议关于如何实施的具体法律义务规定不够清晰。同时，该协议包含"毕业条款"，即规定当发展中成员经济发展水平提高至有能力履行义务和承诺时，发达成员可逐步停止对发展中成员的优惠待遇。

20 世纪 90 年代以来，乌拉圭回合及多哈回合在发展中国家待遇方面虽取得进展，但面临重重困难。1995 年 1 月 1 日 WTO 成立，乌拉圭回合进一步扩大了特殊与差别待遇调控的数量和适用范围，使之从货物贸易领域扩展到《服务贸易总协定》（GATS）、《与贸易有关的知识产权协定》（TRIPS）、《关于争端解决规则和程序的谅解》（DSU）等协定中。但另一方面，发达国家对发展中国家承担更多义务的要求也明显上升，要求发展中国家开放更大市场份额，使发展中国家所真正能够享受的特殊与差别待遇的领域大为缩减，主要集中在较长的过渡期方面（见表5-2）。

表 5-2　2018 年以来主要国家对"特殊与差别待遇"的改革建议

类别	国家	发布时间	发布机构及方案	主要内容
发达国家	欧盟	2018 年 9 月 18 日	欧盟委员会发布《WTO 现代化方案》	鼓励进一步调整对发达国家和发展中国家的区分，落实"毕业条款"，建议成员应逐步退出 WTO 框架下的"特殊与差别待遇"
	美欧日	2018 年 9 月 25 日	三方召开部长会议发表联合声明	否定 WTO 现有的"自我认定式"身份认定原则，重点关注发展中国家"特殊与差别待遇"问题，提出对发展中国家分类方法的改革
	加拿大等 13 国	2018 年 10 月 24—25 日	加拿大贸易部长牵头组织 13 国发布《WTO 改革的联合公报》	肯定了 WTO 的"特殊与差别待遇"原则，探讨如何在规则制定工作中更好地追求包括"特殊与差别待遇"的发展层面
	美国	2019 年 1 月 15 日	美国向 WTO 提交《无差别的 WTO：自我认定式的发展地位威胁体制相关性》报告	报告提出取消一批发展中国家享有 WTO "特殊与差别待遇"的权利
	美国	2019 年 2 月 15 日	美国向 WTO 提交《加强 WTO 谈判功能的程序》提案	报告给出美国自我认定的四类标准，以此界定发达国家和发展中国家，取消一批发展中国家的"特殊与差别待遇"
	美国	2019 年 3 月 1 日	美国贸易代表办公室（USTR）发布《2019 贸易政策议程及 2018 年度报告》	该报告是美国首次系统提出对 WTO 的改革建议，重点关注发展中国家待遇问题。该报告提出为了更好地反映当前全球贸易现状，急需改革发展中国家"特殊与差别待遇"
	美国	2019 年 7 月 26 日	美国政府发布《改革世贸组织中发展中国家地位备忘录》	发出威胁阻止主要发展中成员在 WTO 享受"特殊与差别待遇"的灵活性

类别	国家	发布时间	发布机构及方案	主要内容
发达国家	美国	2020年2月10日	贸易代表办公室（USTR）在《联邦记事》发布公告	公告宣布按照美国自我设置标准区分发达国家和发展中国家，以此终止25个经济体继续享受WTO发展中国家"特殊与差别待遇"的权利
发展中国家	中国	2018年11月23日	商务部提出《中国关于世组织改革的立场文件》	保障发展中成员的发展利益，主张积极推进并保证发展中国家的"特殊与差别待遇"，尊重各个成员的发展模式，鼓励承担与自身能力相符的义务
	中国、印度、南非和委内瑞拉四国	2019年2月18日	向WTO提交《惠及发展中成员的特殊和差别待遇对于促进发展和确保包容的持续重要性》文件	一致反对美国单方面宣布取消部分发展中国家地位的做法，坚决维护发展中国家发展的权利，不放弃拥有"特殊与差别待遇"
	巴西	2019年3月19日	巴西总统与美国总统会晤后发布"联合声明"	明确表达巴西在美国建议后，同意在WTO谈判时主动放弃"发展中国家"地位和享有"特殊与差别待遇"
	中国	2019年5月13日	商务部发布《中国关于世贸组织改革的建议文件》	通过尊重发展中国家享有的"特殊与差别待遇"来增强多边贸易体制的包容性
	中国等23个发展中国家	2019年5月13—14日	联合发表《共同努力加强世贸组织以促进发展和包容》文件	关注WTO"特殊与差别待遇"问题，呼吁WTO应充分尊重发展中国家的发展诉求，帮助发展中国家能力
	中国等52国	2019年10月15日	提交《关于"促进发展的特殊与差别待遇"联合声明》文件	文件强调WTO谈判必须保留现有的"特殊与差别待遇"条款，而且还要允许发展中国家自我评估决定发展中国家身份
	韩国	2019年10月24日	韩国政府召开对外经济部门会议发表声明	韩国政府在美国强压下，宣布放弃世贸组织的发展中国家地位

资料来源：根据相关文献（袁其刚，等，2021）及WTO网站材料整理。

2001年多哈回合启动谈判以来，虽将"贸易与发展"列为八大议题之一，但发达国家与发展中国家利益激烈冲突，发展中国家待遇成为最艰难的议题，面临重重困难。发达国家对WTO"自我宣称"为发展中成员的方式表示不满，希望获得较好发展效果的发展中成员承担更多义务。这遭到广大发展中成员的普遍反对。

二、当前发展中国家待遇规则在 WTO 体系中的分布

WTO 公布的 2018 年版"特殊与差别待遇"条款（见表 5-3）显示，发展中成员目前享受的优惠待遇共 155 条，分为六个类型：（1）旨在增加发展中成员贸易机会的条款；（2）维护发展中成员利益的条款；（3）承诺、行动和贸易政策工具的灵活性安排；（4）过渡期条款；（5）技术援助性条款；（6）关于最不发达国家的优惠待遇。

表 5-3　WTO 协定中的"差别和特殊待遇"（SDT）条款及我国的情况

协议	旨在提高发展中成员贸易机会的条款	要求WTO成员维护发展中成员利益的规定	承诺、行动和政策工具使用上的弹性	过渡期	技术援助	与最不发达成员相关的条款	合计	中国享受条款数	对中国具有实意义的条款数	中国"入世"时放弃的条款数
《1994 年关税与贸易总协定》	8	13	4	0	0	0	25/25	25	2	0
《关于 1994 年关税和贸易总协定国际收支条款的谅解》	0	0	1	0	1	0	2/2	2	2	0
《农业协定》	1	0	9	1	0	3	14/13	7	4	6
《实施卫生与植物卫生措施协定》（SPS）	0	2	0	2	2	0	6/6	6	4	0
《技术性贸易壁垒协定》（TBT）	3	10	2	1	9	3	28/25	24	12	0
《与贸易有关的投资措施协定》（TRIMs）	0	0	1	2	0	1	4/3	0	0	3
《关于实施 1994 年关税与贸易总协定第 6 条的协定》	0	1	0	0	0	0	1/1	0	0	1
《关于实施 1994 年关税与贸易总协定第 7 条的协定》	0	1	2	4	1	0	8/8	0	0	8
《进口许可程序协定》	0	3	0	1	0	0	4/4	0	0	4
《补贴与反补贴措施协定》（SCM）	0	2	10	7	0	0	19/16	0	0	16
《保障措施协定》	0	1	1	0	0	0	2/2	1	0	1
《服务贸易总协定》（GATS）	3	4	4	0	2	2	15/13	13	4	0

续表

协议	旨在提高发展中成员贸易机会的条款	要求WTO成员维护发展中成员利益的规定	承诺、行动和政策工具使用上的弹性	过渡期	技术援助	与最不发达成员相关的条款	合计	中国受惠条款数	对中国具有实质意义的条款数	中国"入世"时放弃的条款数
《与贸易有关的知识产权协定》（TRIPS）	0	0	0	2	1	3	6/6	0	0	6
《关于争端解决程序与规则的谅解》	0	7	1	0	1	2	11/11	9	7	0
《政府采购协定》（GPA）	0	3	6	0	1	2	12/10	10	9	0
《贸易便利化协定》（TFA）	0	0	3	7	7	9	26/10	10	6	0
总数	15	47	44	27	25	25	183/155	107	50	45
占比（%）	0	0	0	0	0	0		69	32	29

资料来源：根据相关文献（李双双，2019；王中美，2020）整理。

注："合计"一栏中，第一个数字是涉及所有类别条款的总和。由于一些条款存在涉及多个类别而造成重复计算的情况，因此，剔除重复后，为第二个数字，总计155项。

然而，从现实落实情况看，"特殊与差别待遇"条款并未在实践中发挥预期的重要作用。据统计，现有16个WTO协定所包含的155项"特殊与差别待遇"条款中，至少有105条规定过于宽泛而不具有可操作性，其余50条中的至少25条为过渡期或技术援助条款。刨掉以上130条后，目前WTO框架下直接关系到成员权利与义务的"特殊与差别待遇"条款只有25条，占全部条款总数的16.1%。因此，推动"特殊与差别待遇"条款更加"精确、有效、可操作"一直以来都是发展中成员的共识。

对我国而言，根据我国加入WTO协定，我国实际只享受14个具体的"特殊与差别待遇"条款，占全部155项条款的9%；其中，6个是传统上发达国家应履行的义务，如提供WTO官方语言的文件；只有8个是具有实际经济意义的"权利"，如部分产品关税相对较高。因此，批评中国要求与肯尼亚、利比里亚等国享有相同待遇的说法从来就是不符合事实的，我国对该条款的运用一向十分克制。

三、关于发达国家与发展中国家分类规则的争论

关于何为发展中国家、何为发达国家，国际上没有统一的标准。不同机构都提出过关于该问题的判断指标体系，但尚未达成共识。WTO、IMF、世界银行、联合国统计署等主要国际机构的划分标准如下表5-4所示：

表5-4　主要国际机构和专家对"发展中国家"认定的标准

类别	机构（专家）及指标名称	主要内容	特征
第一类：明确划分"发展中国家"的标准	世界贸易组织的"自我认定"标准	发展中国家的地位确认可由成员方自行宣布，但其他成员方可以对这种"自称"发展中国家的行为提出质疑。乌拉圭回合之《补贴协议》涉及发展中国家的差别待遇规定这些国家的年人均国民生产总值应在1000美元以下	遵循WTO成员发展中国家"自我认定"规则
	遵循国际货币基金组织（IMF）的分类	IMF《2018世界经济展望》根据国内生产总值（GDP）把全球国家分为两大类：一类是发达国家（39个）；另一类是新兴和发展中国家（154个）。根据地域再细分为独联体国家、亚洲新兴及发展中国家、欧洲新兴及发展中国家、拉丁美洲及加勒比海地区国家、MENAP国家（中东、北非、阿富汗和巴基斯坦）以及撒哈拉以南非洲国家	分类国家相对固定，主要以GDP为分类依据
	世界银行（WB）的分类	世界银行公布《世界发展报告》，将全球国家按照年人均国民收入水平（GNI）进行分类，分为低收入国家、中等收入国家（细分为中低收入国家和中高收入国家）以及高收入国家三个组别四个等级。其中低收入国家和中等收入国家统称为发展中国家，高收入国家称为发达国家	以年人均GNI为分类标准，把1987年的6000美元作为高收入国家和中低收入国家的分类阈值

类别	机构（专家）及指标名称	主要内容	特征
第一类：明确划分"发展中国家"的标准	联合国统计署（UNSD）的"标准国家和地区代码"（M49）	联合国统计署按照"标准国家或地区代码"（Standard Country Area Codes for Statistical Use，M49）把国家分为两类：第一类为发达国家和地区，包括欧洲、北美洲和大洋洲的大部分国家及日本；第二类为发展中国家和地区，包括亚洲、非洲和拉丁美洲的大部分地区	同时，联合国也做出说明，称联合国系统内没有发展中国家和发达国家（或地区）的定义。然而，在1996年，"发达地区"和"发展中地区"之间的区别被引入用于统计用途的标准国家或地区代码（称为M49）。这些分组在当时只是为了统计方便，并不代表对任何国家或地区的发展阶段做出判断。随着时间的推移，使用"发达地区"和"发展中地区"之间的区别，包括在联合国的旗舰出版物中，已经减少。自2017年以来，可持续发展目标（SDGs）报告和秘书长关于可持续发展目标进展情况的年度报告的统计附件仅使用地理区域，而没有提及发达区域和发展中区域这两个分组。因此，在与活跃于官方统计的其他国际和超国家组织协商后，"发达地区"和"发展中地区"于2021年12月从M49的"其他组别"中删除
第二类：对"发展中国家"认定的适用标准（特点体现为对GDP衡量指标的补充）	联合国开发计划署	联合国开发计划署设计了人类发展指数（Human Development Index，HDI），借以对发展中国家进行分类。该指数超越了仅仅用人均的收入水平来衡量不同国家发展程度的传统理念，根据预期寿命、教育水平、国民收入等，将全球各国划分为极高人类发展国家、高人类发展国家、中等人类发展国家、低人类发展国家等四个类别，我国属于高人类发展类别。其中，极高人类发展国家与高人类发展国家的分界线是人类发展指数为0.8。根据最新的2021—2022年度报告，我国人类发展指数为0.768，在高人类发展水平国家49国中排名第十三位，同期美国为0.921，在极高人类发展指数66国中排名第二十一位	从对应的权利义务看，联合国开发计划署的国家划分更多是从人类发展角度进行的带有研究性质的统计，在极高人类发展国家与高人类发展国家之间，不存在明显的权利和义务差异，也不具有硬性的约束力

续表

类别	机构（专家）及指标名称	主要内容	特征
第二类：对"发展中国家"认定的适用标准（特点体现为对GDP衡量指标的补充）	美国的"真实进步指数"（GPI）	1995年，美国经济学家约翰·科布等人在可持续经济福利指数（Index of Sustainable Economic Welfare, ISEW）的基础上，提出"真实进步指数"（Genuine Progress Indicator, GPI）。此指标包含经济、环境和社会三个一级指标	扩展了GDP的核算内容，衡量经济增长对可持续发展的影响
	联合国统计委员会的"国民经济核算体系指标"（SNA-2008）	2009年，联合国统计委员会发布的SNA-2008体现了包容性增长观，目的是追求经济社会全面可持续发展	适应新经济环境需要，是最新国民经济核算标准
	联合国统计署"综合环境经济核算体系"（SEEA-2012）	2012年，联合国统计署发布SEEA-2012建立资源和环境的单独账户，作为国民经济核算体系的补充	注重经济社会发展可持续性方面的衡量
	联合国环境规划署（UNEP）的"包容性财富指数"（IWI）	2012年，联合国环境规划署和联合国国际全球环境变化人文因素计划（UNU-IHDP）推出的《包容性财富报告2012》（IWR, 2012），把人力资本、生产资本和自然资本纳入多维核算体系，提出"包容性财富指数"（Inclusive Wealth Index, IWI）	重视经济增长可持续性，将财富核算纳入衡量社会进步的指标
	英国剑桥大学发布的报告	2019年7月，英国剑桥大学经济学家黛安娜·科伊尔指出，GDP是衡量经济产出最为宽泛的衡量指标，但缺乏前瞻性，没有考虑个人能力、无形资产等创新因素，导致由此获得的决策信息过于狭窄。因此建议将无形资产的核算及可持续性问题纳入新指标体系中	纳入新指标，对"唯GDP"的衡量体系进行修正和补充

资料来源：根据相关文献（袁其刚，等，2020）并整理。

　　2021年7月，联合国贸易和发展会议（UNCTAD）一致通过韩国国家地位变更案，将韩国认定为当今世界的"发达国家"，这是1964年联合国贸易和发展会议成立以来，首次将成员国的国家地位由"发展中国家"变更为"发达国家"。该变化为WTO体系内围绕发达国家与发展中国家划分标准的争论又增添了热度。

　　目前，美欧作为发达国家的代表，在发展中国家划分标准上与发展中国家形成鲜明对比，各方主要立场如下。

（一）美国

美国坚持要求改变 WTO "自我宣称" 为发展中成员的方法，并提出新的分类体系。2019 年 1 月 16 日，美国向 WTO 总理事会提交了《一个非歧视的 WTO：自我宣称发展水平带来机制失效风险》的提案，从联合国人类发展指数（HDI）、宏观经济、贸易、外商直接投资、公司规模、超级计算机、太空和国防等八个方面构建起一套评价标准，认为中国等已经远超发展中经济体水平，亟须改革 "自我宣称" 的方式。2019 年 7 月 26 日，美国签署《改革世贸组织中发展中国家地位备忘录》，集中表达了对 WTO 所谓 "过时的发达国家与发展中国家二分法" 造成的一些成员国 "在国际贸易中的不公平的优势" 的不满，表示要停止 "不具备经济指标支持" 的 "自我认定" 为发展中国家的成员的 "特殊与差别待遇"。

2020 年 2 月 10 日，美国贸易代表办公室根据《反补贴法》第二次修订了发展中经济体和最不发达经济体名单，中国等未出现在名单中。此次名单更新，美国提出四条标准，满足其中任何一条都不能列为发展中经济体：一是人均 GNI 高于 12375 美元，该标准是 2019 年世行的新标准；二是在全球贸易额中占比超过 0.5%，该条标准将中国、印度、韩国、南非、印尼等排除在外；三是 OECD 成员、欧盟成员、G20 成员。四是在加入 WTO 时未声明自己为发展中国家。美国该项举动意在利用单边机制来影响多边机制。

（二）欧盟

2018 年 9 月 18 日，欧盟委员会向 WTO 提交的《WTO 现代化方案》中一方面承认 "应该允许发展中国家获得它们实现发展目标所需的援助和灵活性"；另一方面认为对发达国家和发展中国家简单二分法已经不能反映一些发展中国家经济快速增长的现实，应 "确保那些真正需要灵活性的成员能够获得灵活性"。为此，欧盟提出如下建议：一是鼓励成员国"毕业"并退出特殊和差别待遇。为此，成员国需对哪些领域使用了发展中国家待遇以及预计何时能够承担世贸组织的所有义务做出清晰的说明，并给出路线图。建议将该项工作列为贸易政策审议的一个部分。二是对未来协定中的"特殊与差别待遇"，应从无限制的全部豁免转向需求驱动和基于证据的豁免，提高该项规则的针对性。

（三）中国

从历史上看，发展中国家待遇是我国加入关贸总协定的三个原则之一。1986 年 7 月 11 日，我国正式提出恢复关贸总协定缔约方地位的申请，并提出了恢复缔约方地位的三个原则：一是恢复关贸总协定缔约国的席位，而非重新加入；二是以关税减让为承诺条件，而非承担具体进口任务；三是享受发展中国家待遇。

2018 年 11 月，我国发布《关于世贸组织改革的立场文件》，明确提出世贸组织改革应保证发展中成员比发达成员享受更小的市场开放程度、更长的开放过渡期、保留政策空间的灵活性以及接受技术援助等特殊与差别待遇。中方反对有些成员借世贸组织改革质疑甚至剥夺一些发展中成员享受特殊与差别待遇的权利。我国是世界上最大的发展中国家，愿意在世贸组织中承担与自身发展水平和能力相适应的义务，但绝不允许任何成员剥夺中国理应享受的发展中成员特殊与差别待遇。

2019 年 5 月 14 日，我国向 WTO 提交了《中国关于世贸组织改革的建议文件》，坚持维护发展中成员享受特殊与差别待遇的权利，并提出如下建议：一是加强最不发达国家"双免"待遇和服务豁免机制的实施和监督；二是增加对发展中成员技术援助的针对性和具体性；三是继续推进《多哈部长宣言》要求的"特殊与差别待遇"条款的谈判；四是在未来贸易投资规则的制定中为发展中成员提供充分有效的特殊与差别待遇；五是鼓励发展中成员积极承担与其发展水平和经济能力相符的义务。

　　2019 年 2 月 15 日，我国与印度、南非、委内瑞拉向世贸组织联合提交了《惠及发展中成员的特殊与差别待遇对于促进发展和确保包容的持续相关性》文件，重申发展中成员自我认定方式是适当的，并且在评估发展水平时必须把人均指标放在最优先地位，反对美欧等发达经济体有选择性地使用某些经济和贸易数据来否认发达国家和发展中国家之间的差别。该文件在关于发展中国家标准方面发出了发展中国家的声音（见表 5-5）。

表 5-5　关于"发展中国家"认定的几个指标

WTO 发展中成员	货物贸易全球占比（2015—2017）%	2019 年人均 GNI（现价美元）	人均 GNI ＞ 12375 美元	OECD 成员	G20 成员国
中国	11.58	10390			是
中国香港	3.23	50480	是		
韩国	2.88	33790	是	是	是
墨西哥	2.37	9480		是	是
印度	2.00	2120			是
新加坡	1.95	58390	是		
阿联酋	1.69	43470	是		
土耳其	1.07	9690		是	是
巴西	1.06	9270			是
沙特阿拉伯	1.04	22840	是		是
印度尼西亚	0.89	4050			是
南非	0.54	6040			是
以色列	0.39	43070	是	是	
智利	0.37	14990	是	是	
阿根廷	0.35	11130			是
卡塔尔	0.29	61180	是		
科威特	0.25	36290	是		
哥伦比亚	0.25	6580		是	
阿曼	0.17	14150	是		
巴拿马	0.10	14900	是		
巴林	0.08	22170	是		
哥斯达黎加	0.07	12070		是	
特立尼达和多巴哥	0.05	16580	是		
乌拉圭	0.05	17740	是		

续表

WTO 发展中成员	货物贸易全球占比 （2015—2017）%	2019 年人均 GNI （现价美元）	人均 GNI > 12375 美元	OECD 成员	G20 成 员国
中国澳门	0.03	75610	是		
文莱	0.03	3230			
巴巴多斯	0.01	17380	是		
安提瓜和巴布达	0.00	16160	是		
圣基茨和尼维斯联邦	0.00	19130	是		
塞舌尔	0.00	15930	是		

资料来源：根据相关文献（Gonzalez，2019）及材料整理。

四、规则发展方向研判

发展中国家待遇规则主要存在三个方面的不足和缺陷。一是"特殊与差别待遇"规则用语模糊，如发达国家应"尽最大努力""予以积极考虑"等，此类表述使"特殊与差别待遇"规则在一定程度上降为软法性质的规定，导致发达国家对发展中国家缺乏明确可厘定的法律义务，同时又缺乏明确的实施标准和机制，导致实践中无法裁定发达国家违反该规则，这些因素合起来使得发达国家对发展中国家的支持力度非常有限。二是缺少身份认定的明确规则损害了发展中国家利益。WTO 发展中成员地位采取自我宣称和他国同意相结合的方式。一旦在实践中发达国家对发展中国家的身份认定提出质疑，便任意违反或不执行"特殊与差别待遇"条款。三是"特殊与差别待遇"条款在农业、知识产权、货物贸易、争端解决等领域，因自身规定的明显缺陷，无法有效规范发达国家对发展中国家的行为。

发展中国家待遇规则未来发展方向主要有二。一是明确发展中国家"特殊与差别待遇"的规则表述。在对既有规则的修订和对未来规则的谈判中，涉及发达国家对发展中国家义务的部分，应避免使用模糊性、主观性以及容易被发达国家任意解释的表述，增强规则条款的约束力、可操作性和法律效力，如用"必须"取代"可以"的用语，使特殊与差别待遇真正能够惠及发展中国家，避免沦为宣言性质的软法。二是完善发展中国家地位的认定规则。目前，美欧各国已经形成了关于修改发达国家—发展中国家"二分法"和"自我宣称"认定方式的共识，发展中国家的评价标准以及"毕业条款"的调整可能性升高。与此同时，发达国家在实践中对发展中国家的地位进行自行认定，并任意取消其优惠待遇的做法也应杜绝。未来该领域规则的发展方向取决于发达成员与发展中成员博弈的结果。

五、对我国的影响及对策分析

发展中国家待遇规则的核心是划分标准之争，划分标准之争的实质除现有规则的划分标准不明这一客观因素外，主要还是美欧等发达国家力图通过主导标准制定，将众多发展中国家排除在"特殊与差别待遇"条款之外，以削弱发展中国家的国际竞争优势，维护发达国家自身利益。

美欧通过操纵评价标准将我国列为发达国家，对我国的负面影响有三。

一是造成我国经贸利益受损。目前，除最不发达国家外，发展中国家在 WTO 中能够享受如下优惠：可为平衡国际收支而采取进口限制；保障措施时间更长；反倾销反补贴上条件更为宽松；在技术壁垒和卫生壁垒方面灵活性更大；农产品出口补贴方面享有更多优惠；对服务市场开放更为宽松；知识产权保护标准相对较低，过渡期更长。对我国而言，在知识产权和技术转让方面享受的特殊与差别待遇与我国经济发展尤其紧密。一旦被排挤在该项条款之外，我国在知识产权转让和技术进步方面将面临美西方国家限制，对我国竞争力提高产生不利影响。

二是迫使我国承担超出发展阶段的国际义务。WTO 与世界银行、联合国等关于发达国家的认定标准能够互相影响。以韩国在联合国贸易和发展会议通过的地位变更案为例，尽管它一直以来都在追求脱"发展"入"发达"，并于 1996 年加入经合组织、2010 年加入经合组织发展援助委员会、2019 年底主动放弃 WTO 发展中国家地位，但其对外援助规模依然仅为国民收入的 0.15%，提高该比例面临较大压力。一旦认定我国为发达国家，美西方国家恐提高对我国气候变化和强制性碳减排标准，加大对我国对外发展援助规模的要求，并在缓债等国际经济治理领域对我国施加压力。

三是造成国际政治层面的负面影响。与韩、日等国不同，我国从来就是在全球具有举足轻重影响的政治大国。"发展中国家是基础"构成我国外交战略布局的重要方面，是我国维护国家利益与世界持久和平的重要依托。

从我国看，我国是世界上最大的发展中国家的基本国情没有变。在 WTO 发展中国家标准问题上，我国应坚持保证发展中成员的发展利益立场，采取如下原则和对策：

一是争取标准制定权。在继承原有标准基础上提出合理的发展中国家划分标准，不能将标准制定权拱手让人。加强同发展中国家的磋商，应对划分标准之争。

二是推动全面落实发展中国家待遇条款。着力改善特殊与差别待遇条款的准确性、有效性和可操作性，将模糊表述、主观裁量等削弱发达国家对发展中国家责任的内容加以明确化和可操作化，真正保障发展中成员的应有权益，减少贸易规则的发展赤字。加强对"特殊与差别待遇"条款的执行和监督力度，加快落实最不发达国家关注的"免关税、免配额"待遇和服务豁免机制，增加对发展中成员技术援助的针对性、具体性、有效性。

三是推动特殊与差别待遇条款不断发展演进。根据《多哈部长宣言》，持续推进"特殊与差别待遇"条款谈判进程。在未来贸易投资规则制定中，尤其是 WTO 规则改革和 FTA 规则谈判中，为发展中成员提供充分的特殊与差别待遇。推动"特殊与差别待遇"与 21 世纪经贸新规则更好融合，在数字贸易、知识产权等领域为发展中成员实现联合国 2030 年可持续发展目标提供更多优惠。

第二节　市场导向条件

虽然市场导向条件并非一项实体性规则，没有规定适用的客体和适用的时间段，但该规则是美欧等发达国家向经贸领域输出价值观和评价标准，以引领未来国际规则制定的重要一环，与其他相关领域规则紧密联系。最近一个时期以来，市场导向条件议题之所以引起广泛争论，其原因和焦点有二。一是市场导向条件与反倾销反补贴规则尤其是替代国做法密切相关。在这方面，该规则本质上与之前的"非市场经济体"规则及"市场扭曲"规则是一回事。二是市场导向条件以炒作所谓"国家资本主义"为噱头，与国有企业、补贴等规则议题密切相关，使美西方借此渲染与我国发展模式差异。见表 5-6。

表 5-6　"市场扭曲"标准与市场导向条件的内涵比较

题目	欧盟的"市场扭曲"标准	美国提出的市场导向八个条件
主要标准体系	（1）市场受政府控制、监管或指导；（2）企业定价或成本受政府干预；（3）出口国出台支持国内企业的歧视性政策；（4）公司法、破产法、财产法等不完善、存在不确定待遇或执行不充分；（5）劳动者工资扭曲；（6）政府干预企业融资	（1）企业对价格、成本、投入、采购和销售的决策是根据市场信号自由决定和做出的；（2）企业的投资决策是根据市场信号自由决定和做出的；（3）资本、劳动力、技术和其他因素的价格由市场决定；（4）企业或影响企业的资本配置决策是根据市场信号自由决定和做出的；（5）企业须遵守国际公认的会计准则，包括独立会计；（6）企业受市场化有效的公司法、破产法、竞争法和私有财产法的约束，可以通过独立的司法系统等公正的法律程序行使权利；（7）企业能够自由获取相关信息，作为其业务决策的依据；（8）政府对上述企业业务决策没有重大干预

资料来源：根据相关材料整理。

一、"非市场经济体"规则的形成与实践

"非市场经济"条款起源于美国反倾销实践，在20世纪50年代前后纳入《关贸总协定》。美国关于判定他国市场经济地位的规定起源于《1930年关税法》，该法提出了六条判断标准：（1）货币自由兑换程度；（2）劳动者与企业关于工资的自由协商程度；（3）外资在其境内投资准入程度；（4）政府对生产资料的控制程度；（5）政府对资源配置和企业产量及价格的控制程度；（6）其他行政主管机构即美国商务部门认为可能的因素。最后一条兜底条款赋予了美国商务部以极大的自由裁量权。

从WTO框架内"非市场经济体"规则的发展情况看，该规则可追溯到1947年《关税与贸易总协定》。该协定第六条规定，反倾销调查中，在出口产品没有国内价格时，可以采用替代国价格比较法或生产要素价格法。但此时替代国做法尚未与国内市场条件联系起来。

1954—1955年，关贸总协定审议成员国反倾销协议，申请加入的捷克斯洛伐克建议将第6.1条加以修改，以便进口国采用第三国价格来确定国营垄断产品的正常价值。在美国推动下，成员国以注释方式对第6.1条增加一条说明，即在国家垄断贸易并固定国内价格的情况下，在为第一款目的确定可比价格时，会有特殊困难，缔约方会觉得有必要考虑这种可能性，即严格与该国国内价格做比较并不合适。该条注释成为美西方对非市场经济国家采取替代国做法的根据。

1968年，肯尼迪回合签署的《反倾销守则》对《关贸总协定》第六条加以阐述，对什么是"市场特殊情况"做出规定，事实上确立和发展了"非市场经济体"规则。1979年东京回合达成《补贴和反补贴守则》，拓展了替代国的选择范围，将该规则向前推了一步。1994年乌拉圭回合的《反倾销协议》虽继承了肯尼迪回合、东京回合的内容，但不同之处在于将该协议纳入世贸组织一揽子协议中，不允许成员国做出保留，因

此对所有世贸组织成员都有约束力。

　　因此，世贸组织及关贸总协定虽未对"非市场经济"等做出明确定义，却衍生出一系列"非市场经济"规则。相关规则的操作和实施并非由世界组织法规界定，而是由成员根据国内法各自把握。这一结果造成后新加入成员国承担的义务多于已有成员国，违背了《关贸总协定》非歧视原则。实践中，WTO/GATT 在吸收新成员时，采取成员自我承诺的议定书的方式，使非市场经济规则获得国际法基础。这一情况造成非市场经济规则尽管并未成为 WTO 的实体规则，却在新成员的加入议定书中得到体现，如《波兰入关议定书》《罗马尼亚入关议定书》《匈牙利入关议定书》。

专栏 2　我国的市场经济地位问题

　　市场经济地位不是单纯的经济学概念，而是反倾销调查确定倾销幅度时使用的概念。具体而言，反倾销发起国如果认定被调查商品的出口国为"市场经济"国家，那么在进行反倾销调查时，就必须根据该产品在生产国的实际成本和价格来计算其正常价格；如果认定被调查商品的出口国为"非市场经济"国家，那么将引用与出口国经济发展水平大致相当的市场经济国家（即替代国）的成本数据来计算所谓的正常价值，并进而确定倾销幅度。

　　中国的市场经济地位问题，源于 2001 年中国加入 WTO、签订《中华人民共和国加入世界贸易组织议定书》时接受的限制性条款，即第十五条规定，国外在针对来自中国的产品发起反倾销调查时，可以选择替代国价格作为对比价格，这种待遇保持 15 年。然而，在 2016 年 12 月"入世"15 年过渡期结束后，美国、欧盟、日本却拒不承认我国市场经济地位。

　　美西方国家不认同我国市场经济地位，主要目的就是为在反倾销调查中继续使用替代国的成本计算方法提供法理依据，维护自身在世界经济中的既得利益，保护本国产业竞争力。这种做法，一方面进一步刺激了某些世界组织成员对我国产品提起更多的反倾销申诉，加大美欧以及印度等相关国家对我国出口实施保护主义制裁；另一方面导致我国出口企业在对外反倾销应诉中处于极为不利的地位，造成我国败诉率极高，打击了我国企业应诉的积极性，形成恶性循环。从结构看，民营经济在信息、资源、关系网络等方面与跨国公司相比处于弱势，因此往往成为国外反倾销中最易受冲击的对象，客观上为民营经济参与国际竞争设置了重重壁垒。截至 2017 年底，我国已连续 23 年成为全球遭遇反倾销调查最多的国家，连续 12 年成为全球遭遇反补贴调查最多的国家，对我国钢铁、铝、光伏、轮胎、家电、化肥等出口产品造成影响。与此同时，美还想利用我国市场经济地位问题进一步在双多边自贸谈判中打压中国。2018 年 9 月 30 日，美加墨签署的 USMCA 中的"毒丸条款"是重要标志。协议规定，美加墨三国都不得"擅自"与"非市场经济"国家签署协定；任何缔约方与"非市场经济"国家签署自由贸易协定后，应允许其他缔约方在 6 个月告知期后终止本协议并以新协议取代。一旦"非市场经济"地位问题"扩大化"，我国对外经贸合作或将遭受损失。

　　世贸组织的初衷是通过规范贸易行为来促进贸易发展，而非规定一国经济发展的模式和方式。美国 WTO 专家约翰·杰克逊早在 1997 年出

版的《世界贸易体制：国际经济关系的法律与政策》一书中就指出，世界上一些重要国家并非基于所谓的市场经济原则行事，而且即使是市场经济国家中也有很多机构不按照市场经济原则行事，因此不能将俄罗斯、中国等排除在世贸组织之外，这不符合世界经济的长远利益。而美国则针锋相对将市场导向作为世贸组织的重要基础。1994年4月15日通过的《马拉喀什宣言》指出，世贸组织成员方将"基于开放的、市场导向的政策"参与国际经贸体系。美国据此要求成员国按照市场导向政策行事。

二、"市场扭曲"规则的形成与实践

"市场扭曲"规则的形成有两个背景：一是2016年中国"入世"过渡期到期，美欧日拒绝履行承认中国市场经济地位义务，为此便需要寻找新依据和新表述；二是美国转向保护主义，中西方发展模式差异成为美西方关注焦点，力图从规则领域限制中国发展。市场扭曲规则的演进情况如下：

2015年，美国《贸易优惠拓展法》调整贸易救济措施，提出替代国方法的适用情形不再限于过去的"非市场经济体"，而是只要出口国经济中存在"材料、布料及其他加工品价格不能反映正常生产成本"的情况，进口国便能采用替代国价格作为反倾销的参考。这样一来，替代国方法便不再局限在所谓非市场经济国家，而是只要存在所谓"市场扭曲"行为，便可以适用，其管辖边界明显扩大了。

2017年，欧盟修订《反倾销基本条例》，取消原有的"非市场经济国家"名单，规定如果出口国存在"市场严重扭曲"，将采取替代国做法。该条例提出了"市场扭曲"的标准：（1）市场受政府控制、监管或指导；（2）企业定价与成本受政府干预；（3）出口国出台支持国内企业的歧视性政策；（4）公司法、破产法、财产法等不完善、存在不确定待遇或执行不充分；（5）劳动者工资扭曲；（6）政府干预企业融资。该条例赋予欧委会在实施替代国政策中更大的自由裁量权，削弱了发展中国家劳动密集型产业的竞争优势。2017年12月20日，欧委会根据上述标准对中国进行评估，将我国列为存在严重"市场扭曲"的需要特别关注的国家。

由此可见，在我国《入世议定书》第十五年到期的2016年底前后，美欧相继出台反倾销新规，一方面回避了所谓非市场经济地位问题，拒不履行原有承诺；另一方面以更宽泛、更具自主裁量空间的"市场扭曲"规则替代"非市场经济体"规则，意在继续保持对我国反倾销制裁手段。

三、"市场导向条件"规则的形成与实践

2018年以来，美西方国家再次炒作市场状况议题，提出所谓"市场导向条件"规则，并不断发展其判断标准。其代表性步骤有二：

一是美欧日联合声明提出的七条标准。"市场导向条件"是美欧日联合声明中的重要议题，其系统阐释首见于第三次声明。2018年5月，美欧日在第三次联合声明中提出了关于"市场导向条件"的七条认定标准，即：其一是企业对价格、成本、投入、购销的决定，是根据市场信号自由决定和做出的；其二是企业的投资决策是根据市场信号自由决定和做出的；其三是资本、劳动力、技术等要素的价格由市场决定；其四是企业的资本配置决定或者影响企业的资本配置决定，是根据市场信号自由决定和做出的；其五是企业实行国际公认的会计准则，包括独立核算；其六是企业适用公司法、破产法、私有物权法；其七是在上面描述的企业商业决策中没有明显的政府干预。联合声明提出的市场导向条件问题，将之前的"非市场经济体"规则从反倾销规则上升到发展模式差异，以之作为美西方国家渲染与我国制度差异、打压我国发展模式的理论"大旗"。

二是美国提交的关于市场导向的八个条件。2020年2月20日，美国提交《市场导向条件对世界贸易体系的重要性》的提案。该提案对所

谓"非市场导向"的政策和做法表示关切，批评这些政策和做法已经破坏了世界贸易体系并导致产能过剩，为工人和企业创造了不公平的竞争条件，阻碍了创新技术的开发和使用，并破坏了国际贸易的正常运作。该提案强调以市场为导向的条件是自由、公平和互利的世界贸易体系的基础，以确保成员国工人和企业的公平竞争环境。提案提出了关于以市场为导向的八个条件：一是企业对价格、成本、投入、采购和销售的决策是根据市场信号自由决定和做出的；二是企业的投资决策是根据市场信号自由决定和做出的；三是资本、劳动力、技术和其他因素的价格是由市场决定的；四是企业或影响企业的资本配置决策是根据市场信号自由决定和做出的；五是企业须遵守国际公认的会计准则，包括独立会计；六是企业受市场化有效的公司法、破产法、竞争法和私有财产法的约束，可以通过独立的司法系统等公正的法律程序行使权利；七是企业能够自由获取相关信息，作为其业务决策的依据；八是政府对上述企业业务决策没有重大干预。

在此之后，美国大力推动"市场导向条件"，努力使之成为 WTO 改革的议题之一。2020 年 11 月 19 日，中美代表在 WTO 成立 25 周年视频会上围绕经济模式议题是否应纳入 WTO 改革议题展开辩论。美方坚持认为 WTO 是一个促进成员国经济模式趋同的场所，不是包容各类存在根本差异的经济体制共存的场所。中方明确反对按美国标准将"市场导向条件"作为 WTO 改革议题，认为市场导向问题与 WTO 改革无太大相关性，纳入该议题将破坏 WTO 机制。

从美国提出的市场导向的八个条件可以看出美欧日所反对的所谓"非市场导向"政策究竟是什么。其主要限制对象包括：一是国有企业；二是补贴；三是政府对经济的宏观调控能力；四是透明度，包括在项目投资、国有企业、补贴等方面的信息披露。这些归根到底都是两种经济发展模式的差异。美西方的"市场导向条件"的核心目标是通过规则设计削弱中国竞争力。

专栏 3　"市场导向条件"与"市场扭曲"规则及"非市场经济体"规则的关系

　　"市场导向条件"规则是在"非市场经济体"规则、"市场扭曲"规则基础上的一个新发展。"非市场经济体"规则、"市场扭曲"规则是直接与反倾销反补贴问题中的替代国做法相联系的，且其制裁对象主要是货物贸易。而"市场导向条件"规则的提出将反倾销问题上升为经济发展模式问题，并与国有企业、补贴以及产能过剩、发达国家工人失业等广泛的其他议题相联系。如美欧日 2019 年 5 月举行的第六次联合声明指出，"部长们对第三方将国有企业发展成为国家龙头企业、扰乱市场导向的贸易并引导这些国有企业主导全球市场日益感到担忧。部长们还对国有企业的非市场优势和非市场国内行为日益感到关切，这些行为会造成扭曲"。该声明便将"非市场导向条件"，与国有企业等问题牢牢联系在一起。一方面，"市场导向条件"规则在反倾销反补贴方面可具有更大的杀伤力。一旦认定一国存在与国有企业、补贴等做法相关的"非市场导向行为"，美西方国家将变本加厉地指责该国所带来的"市场扭曲"，进而更大范围使用替代国做法，并为更新补贴和反补贴规则打开方便之门。另一方面，与"市场扭曲"规则相比，"市场导向条件"规则的内涵、外延和影响面都得到进一步的丰富和扩充。

四、"市场导向条件"对我国的影响及对策

　　从发展脉络看，"市场导向条件"规则以 2016 年为界，可以分为前后两个阶段：前一阶段称为"非市场经济"条款以及后来的"市场扭曲"条款；后一阶段称为"以市场为导向"条款。前一阶段中，该规则只是与反倾销调查的正常价值认定相关联，美国、欧盟的国内法对此加以规定也是出于这个目的。整个冷战时期，"非市场经济"条款充当美西方国家保护本国贸易利益的工具，以扩大反倾销的打击范围。"市场扭曲"条款只不过是"非市场经济体"条款在使用对象上的扩大，二者实质是相同的。后一阶段，美欧为拒绝给予中国市场经济地位问题，通过将其加以扩充，并与补贴规则、国有企业等条款加以整合，共同组成一项新的、内涵更为丰富的专项规则体系。另一个值得注意的动向是美西方在美加墨协议中植入"毒丸条款"，推动该规则向区域性协定和诸边协定领域延伸，其意在结合新的形势，加大对我国等的贸易制裁力度，更好维护美西方国家自身利益。

　　从发展方向看，未来美西方国家将推动"市场导向"规则向"两个做实"方向发展。一是做实该规则在反倾销反补贴等贸易制裁中的作用，

进一步宣扬公平贸易论，将美国等国内歧视性贸易救济规则多边化。自2020年2月以来，美国多次提交"市场导向条件"提案，意在推动将国内歧视性的贸易救济规则多边化，针对中国的用意明显。2020年10月13日，美国大使谢伊在WTO总理事会上指出，"市场导向政策"是世贸组织的一项原则，并且将该原则的理论基础归结为公平贸易论。他认为，"市场导向条件提供了公平的竞争环境，因此是实现公平贸易的必要条件"。

二是做实"市场导向条件"对国有企业、补贴等涉及发展模式差异议题的整合作用，以市场导向为"大旗"，形成一整套规则体系，对我国发展模式和开展经济全球化合作开展全方位打压。如美欧日第五次联合声明就指出，"市场导向条件的环境是公平互惠的全球贸易体系的基石，也是公民和企业在市场导向条件下运作的基础"。由此可知，美西方国家推动将"市场导向条件"作为全球贸易体系的核心价值，使之成为国际软法，并对其他一切领域的贸易规则构成统领和牵引。一旦"市场导向条件"成为未来WTO改革和国际经贸规则重构新的价值标准，势必削弱甚至取代促进贸易、发展等WTO传统价值，使国际经贸规则重构变成意识形态对立的零和博弈场所。

从影响看，美西方掀起"市场导向条件"之争的意图包括如下几个方面。一是推动国内歧视性贸易救济规则多边化、长期化，以便继续使用替代国做法，加大对中国贸易制裁和限制。二是与国有企业、补贴、知识产权等其他问题密切联动，以策应其他议题对华打压。三是利用炒作我国所谓市场经济地位问题进一步在双多边自贸谈判中打压中国。2018年9月30日，美加墨签署的《美国—墨西哥—加拿大协议》中的"毒丸"条款是重要标志。该协议规定，美加墨三国都不得"擅自"与"非市场经济国家"签署协定；任何缔约方与非市场经济国家签署自由贸易协定后，应允许其他缔约方在6个月告知期后终止本协议并以新协议取代。从市场导向条款的未来发展看，美国直接将"市场导向条件"规则纳入WTO规则体系的可能性是基本没有的，但是通过诸边谈判和FTA谈判，将"市场导向条件"形成一定共识后再影响WTO规则的可能性是存在的，其后续影响或不断发酵。

从对策看，在WTO改革背景下，我国必须进一步维护多边贸易体制的"非歧视"和"开放"两个核心价值，积极争取美西方国家承认我国完全市场经济地位、履行所做出的承诺，以维护我国经贸利益。

一是加强双多边磋商谈判，维护我国拥有"完全市场经济地位"正当权益。就反倾销中对我国歧视性做法与相关国家进行积极交涉，向WTO或相关法院提起申诉或司法救济，最大限度维护我国出口企业的利益。提高运用反倾销、反补贴和保障措施等手段维护我国合理经济利益的能力和水平，增强对外谈判"筹码"和贸易反制能力。有效利用国际论坛和会议、WTO贸易政策评审及外交游说等渠道，为我国取得市场经济地位的应有权益争取最广泛的舆论支持。

二是将滥用国家安全例外措施和推行不符合WTO规则的单边措施的做法列为危害WTO市场经济共识的首要问题，开展多边、双边及区域层面斡旋。美国等力推市场导向条件的理论基础是WTO的市场经济制度和所谓公平贸易论。然而，目前对公平贸易造成最大危害的做法有二：一是个别国家以保护国内产业和国家安全为由，对他国钢铁、铝等产品任意加征关涉，干扰国际贸易秩序；二是未经WTO、联合国或其他国际组织授权，对他国实施单边制裁。应将解决上述违反WTO规则的问题列为首要任务，加强多边贸易规则建设，对此类做法形成有效约束。

三是提升我国企业应对国外不公正反倾销调查的能力。增强对我国企业尤其是民营企业应对国际贸易限制措施的支持力度，构建贸易争端有效解决机制，支持行业协会或研究机构针对重点行业开展针对性研究。

四是进一步推动深化体制改革和扩大对外开放。围绕"市场经济地位"问题，坚持化危为机，以更大力度的对外开放推动我国市场化改革的推进，提升市场准入水平。营造服务企业经营的良好经济与法律环境。全面深入实施准入前国民待遇加负面清单管理制度，有效打破准入后的"玻璃门"。持续推进服务业开放，立足自贸试验区、自由贸易港等平台推动放宽银行、证券、保险等市场准入试点。积极扩大进口，持续释放国内市场潜力，提升通关便利化水平，削减进口环节制度性成本，加快发展跨境电子商务、外贸综合服务和市场采购等新业态新模式。

第三节　国有企业与竞争中性

国有企业脱胎于竞争政策，与补贴议题密切相关。随着中国经济的崛起和中国国有企业在世界经济中的影响力增强，美国对国有企业规则尤其是中国国有企业问题的关注持续上升。2011年，中美经济与安全审查委员会宣称，中国国有企业及国家控制的企业占 GDP 比重达 40%，美国副国务卿霍马茨提出要从双边、诸边、多边层面推进贸易投资领域国有企业规则的制定，遏制国有企业不正当竞争。同时，美国将中国国有企业与所谓"国家资本主义"联系起来，污蔑国有企业是推进"国家资本主义"的主要政策工具，而作为国有企业规则主体内容的竞争中性规则便是美西方所坚信的约束"国家资本主义"的最佳切入点。中美贸易摩擦升级后，美国对我国有企业导致所谓"不公平贸易"、产能过剩等问题的批评不断加剧。近年来，国有企业议题成为 WTO 改革的重点议题，美西方国家发挥了重要推动作用。

当前，国有企业议题中规则博弈的焦点问题主要有两个：一是国有企业范围的界定，尤其是关于国有企业是不是"公共机构"的问题；二是竞争中性规则，其实质是约束政府在市场中的行为，促进国有企业以公平竞争方式参与市场运营。可以说，竞争中性是国有企业规则中的重要门槛。

一、国有企业规则来源于竞争中性政策并以之为核心原则

国有企业规则并非传统 WTO 议题。在 WTO/GATT 体系中，对国有企业规则并未进行系统论述，甚至连"国有企业"的提法都没有出现，而是散落在各条款之中。其中，GATT 第十七条是关于"国营贸易企业"的规定，但其中缺乏正式定义。当前关于国有企业规则的主要内容来自竞争中性规则。

所谓竞争中性，即市场中所有企业都不会因为其所有权而处于有利或不利地位，也即"所有制中性"。OECD 对竞争中性的定义更为明了，即维持公有企业与私人企业之间的平等竞争。公有企业可能享受到国家的支持，具体包括：免除相关税费、免于各种规则要求、债务担保、优惠贷款、无须考虑折旧费用、无须考虑资产的商业回报、不会破产、各种补贴和土地等优惠、垄断和义务优势、信息优势等。针对这些情况，竞争中性是一系列政策构成的监管框架。竞争中性限制的对象主要是针对公有制企业参与的商业活动，对其参与的非商业、非营利活动则不适用。

竞争中性规则是国有企业规则的主体内容。从规则起源角度，国有企业规则或竞争中性规则起源于澳大利亚的国内法，经 OECD 等国际组织的推广，尤其是近年来美西方国家的大力推动，一步步具备了国际法基础，并上升为 WTO 改革的重要议题。其发展经历了如下几个步骤：

一是国有企业规则起源于澳大利亚的竞争中性国内法。1996 年，澳大利亚出台《联邦竞争中性政策声明》，提出"竞争中性"概念，即政府的商业活动不能因其作为公共部门的所有权地位而享有私人部门无法获得的竞争优势。

二是以 OECD 等为代表的国际组织推动竞争中性成为国际软法。澳大利亚立法后，OECD 等国际组织自 2009 年起便开始对竞争中性规则展开大力研究。2012 年，OECD 发布《竞争中性：保证国有企业和私有企业间的公平竞争环境（2012）》报告，提出竞争中性是指政府要保障市场主体之间公平竞争，任何实体都不存在不公平的竞争优势。国有企业往往能够享有私人企业所不具有的补贴、融资、担保等优惠政策支持，发展国有企业虽然有助于确保国家经济安全，但会降低经济效率，与公平竞争、增加活力的目标相违背。2013 年，OECD 发布《国有企业：贸易影响及政策启示》，引用美国败诉的 DS379 案指出，现有 WTO 规则无法规制国有企业在国际上的竞争行为，推动对国有企业的规制从国内视角转向国际贸易投资领域。《2017 年 OECD 商业和金融展望》则关注中国国有企业的"僵尸企业"、企业债务问题，提出修改补贴规则，规范国企行为。

三是美欧推动以竞争中性为主体的国有企业规则向双边、区域性 FTA 扩展、进而向多边领域迈进。从美国看，由于美国自身国有企业并不发达，历史上在其国内并无系统的"竞争中性"实践，而是将国有企业问题归为竞争法领域加以调节。自 1994 年签署的《北美自由贸易协定》（NAFTA）开始，美国开始在竞争章节中对国有企业问题进行规定。但 NAFTA 的国有企业条款比较简单，仅原则性地规定了国家拥有建立和维持国有企业的权利。2004 年生效的《美国—新加坡自由贸易协定》（SGFTA）不仅有"政府企业"相关章节，而且对其概念和义务也有比较具体的规定。该协定将新加坡政府对企业施加"有效影响"作为国有企业的认定标准。所谓"有效影响"，是指政府拥有 50% 以上投票权，或能够决定董事会成员或企业经营方向。该定义为美国在 TPP 中给出的国有企业定义进行了先行探索。

2009 年以来，在 OECD 开展研究的同时，美欧等以更为积极的方式，推动将竞争中性规则纳入国际双多边贸易和投资协定中。2012年，美国在新版《双边投资协定范本》中细化了有关国有企业的规则。尤其是美国在 TPP 中设置了独立的国有企业章节，该内容被 CPTPP 完整保留，并在美加墨协定中得以延续。

欧盟虽未明确提出"竞争中性"一词，但在澳大利亚基础上也制定了相关的规则，其特点是将竞争中性贯穿于欧盟竞争法或竞争政策规则体系中。2009年，《欧盟运行条约》规定各成员国应将公共企业置于竞争规则的约束下。2017年以来，美欧日七轮联合声明进一步推动国有企业规则向国际领域扩展。

二、竞争政策、竞争中性与国有企业规则的关系

（一）竞争政策与竞争中性是"总—分"关系，但近年来竞争中性规则的独立性和重要性不断上升

目前，尚没有关于竞争政策统一的定义，普遍认为，竞争政策有广义和狭义之分。狭义的竞争政策是与反垄断相关的竞争法和反垄断法，如欧盟的竞争政策主要包括：（1）禁止限制性商业行为，如垄断协议、卡特尔；（2）禁止滥用市场支配地位，如强迫对方接受购买或销售的商品价格，限制生产、销售、技术研发，对相同交易采取不同条件等；（3）合并审查，即对企业合并和产业集中的行为进行监管；（4）国家援助制度，如政府部门利用国家资源对企业补贴、低息贷款、担保、减税费、低价供地等。

广义的竞争政策，是政府采取的旨在建立竞争条件的各类措施和工具，意在保护和促进竞争过程。如 OECD 指出，竞争法和竞争政策的一项基本原则是，公司应根据各自优势进行竞争，不应受益于不当优势，

例如其所有权或国籍①。竞争政策的目标如下:(1)维护市场上企业之间的良性竞争,这是最普遍接受的目标;(2)经济效率目标,即提高资源配置效率,如美国的反托拉斯法向来把优化资源配置效率作为重要目标;(3)促进经济同盟或自贸区内部的经济一体化进程,如欧共体(欧盟)的竞争政策就被作为市场一体化的重要工具;(4)保护中小企业,使之免受具有市场支配地位的大企业的扼杀;(5)促进市场经济发展,这对转型国家更为明显;等等。

从内涵的丰富性看,竞争政策是包含竞争中性原则和国有企业规则的更广的政策框架,而竞争中性或国有企业规则与竞争政策相比针对性更强,专门指向所有制问题。这也是美国 2008 年以来如此青睐和力推竞争中性规则的原因所在。因此,从内涵看,竞争政策与竞争中性之间是"总—分"关系。

然而,近年来,竞争中性规则热度和重要程度迅速上升,大有超过竞争政策的影响力之势,这一不同寻常的现象及其所反映出的深层次原因值得深思。因为从现实必要性看,与专门针对国有企业及所有制问题的竞争中性规则不同,竞争政策所涉及的垄断寡头等问题,以及政府干预带来的不公平竞争和贸易扭曲,是全球各国普遍面临的问题。该问题日益超出国界,非一国所能独立解决,亟需新的国际规则加以规范。就此而言,竞争政策的限制对象远比竞争中性规则的限制对象在各国的分布更为广泛,竞争政策从国内法向国际规则的扩张是有客观基础的,从逻辑上理应得到更为广泛的关注和更高的"热度"。

然而,虽然竞争中性所针对的国有企业问题并非全球各国普遍存在的形态,但却迅速崛起,其背后离不开美西方国家的大力推动。2008 年前,美欧对国有企业问题并未给予太多关注,但 2008 年国际金融危机

---

① 来自:https://www.oecd.org/competition/competitive-neutrality.htm,登录时间:2021 年 11 月 2 日。

的爆发使其越来越感受到中国、印度以及俄罗斯等国有企业的竞争压力，迅速将关注焦点转向发展模式问题，其表现之一就是开始不断炒作所谓"国家资本主义"问题（张久琴，2019）。最近一个时期以来，竞争中性已经从竞争政策中独立出来且其重要性愈发上升，已经开始成为涵盖竞争政策、投资规则、国有企业等的重要议题，并越来越成体系。

（二）竞争中性与国有企业规则内容高度一致，但各有侧重

从概念渊源和关系看，国有企业规则主要来自竞争中性规则。竞争中性在竞争政策的统一体系中最鲜明的特征就是专门针对所有制问题，而国有企业更是限制公有企业的专门条款。竞争中性是国有企业规则的主体内容，国有企业规则是主要立足竞争中性规则并进行新的发展演进的规则。然而，如果把国有企业规则与竞争中性规则完全画等号或者混为一谈，也不妥当，二者各有侧重。

从区别看，竞争中性侧重价值追求，带有原则性和软法的性质。而国有企业规则是实现竞争中性的具体规定，其针对性和可操作性更强。可以讲，竞争中性是一个公认的值得追求的原则或目标，而国有企业规则则是追求竞争中性过程中的一种国际经济政策手段（沈铭辉，2015），二者侧重点有区别。

从另一个侧面也可以看出竞争中性与国有企业规则的关系。尽管美国力推竞争中性，但从未放松其一直以来坚持的"商业考虑"原则。TPP、USMCA以及欧日EPA均将商业考虑和非歧视作为国有企业规则的重要原则，甚至提的比竞争中性还要多。尽管商业考虑原则与竞争中性原则内核一致（张斌，2020），但国有企业规则对商业考虑与竞争中性的兼收并蓄的情况也反映出，竞争中性不等于国有企业规则，而是国有企业规则的一个价值追求、原则理念和努力目标。美国一方面力推竞争中性，将其作为从理论和舆论上打压国有企业的重要借口；另一方面又在具体FTA谈判中牢牢坚持美国拥有传统话语权优势的商业考虑原则。

（三）竞争政策、竞争中性、国有企业规则客观上均带有明显的国别与模式特点

竞争政策、竞争中性、国有企业规则三者之间是"总—分—再分（具体落实）"的关系。竞争政策与竞争中性不存在放之四海而皆准的模式和全球整齐划一的规则框架，国有企业规则也理应因国别、发展阶段、经济结构特征而有所异同。

从竞争政策看，竞争政策体系带有明显的国别特征。如美国的竞争政策存在明显的"消费者福利"导向，加拿大的竞争政策存在明显的"总福利"导向，欧盟的竞争政策侧重于培育统一的欧洲市场和保护中小企业（白树强，2011）。

与之相适应，从竞争中性和国有企业规则看，各国推动竞争中性的出发点和价值取向同样存在明显差异。澳大利亚的出发点是优化国内市场竞争秩序，促进国内竞争政策改革，规范本国国有企业行为，并且澳大利亚在向全球推广竞争中性规则过程中主要采取双边谈判和非强制性要求等温和的方式。欧盟的出发点是促进形成欧盟统一大市场，建立公私企业之间公平竞争的环境，进而向全球范围内推广竞争中性，意在维持欧盟企业的竞争力。而美国国有企业比重一向不高，其竞争中性的出发点从一开始便不是国内视角，而是着眼于全球竞争，维护美国企业的全球份额和优势地位。因此，推广竞争中性规则是美国应对国际经济格局变化的一种自我保护机制，意在打压他国具有竞争性的国有企业。由于美国的国有企业数量不多且主要集中在州一级，美国州一级国有企业普遍存在反垄断法项下的豁免、联邦与州税收减免、融资优惠等现象。因此，在 TPP 谈判中，美国始终坚持国有企业条款仅仅针对联邦一级的国有企业，反对将州一级国有企业纳入条款限制范围中。该做法明显违背了竞争中性原则，因为没有证据表明州一级国企对竞争中性是毫无影响的。这一做法表明，是否达到竞争中性并非美国的真正关切，其真正

关切在于如何削弱他国国有企业的竞争力。

在这个意义上，竞争中性、竞争政策、国有企业条款，都有成为美西方打压对手的工具的潜在风险，对此应当保持清醒的认识。

三、国有企业规则的焦点议题、各方立场及发展趋势

（一）国有企业范围的界定

一是 WTO 框架下关于国有企业界定的所有制中立的定义方式。WTO 对国有企业的界定体现在 GATT 第十七条对"国营企业"的论述。该条款规定，各国建立或维持的企业，或对其给予独占权或特权，且从事进出口贸易活动的企业，即为国营贸易企业。该定义对国营企业的认定不限于私人企业或国有企业，未将条款中的"国营企业"范畴与国家自己建立的国有企业的范畴等同起来，具有所有制中立的特点。乌拉圭回合达成的《关于解释关税与贸易总协定第 17 条的谅解》中对国营企业的定义压缩为"被授予包括法定或宪法权利在内的专有权、特殊权利或特权的政府和非政府企业，包括销售局"。由此可见，并非所有的国有企业都是条款所限定的国营企业，只有享有政府授权从事贸易活动，且其授权可能影响贸易和市场竞争的企业才应承担相应义务。乌拉圭回合强调"重视企业功能而非所有权形式"的观念意味着对所有制中立的申明，成为以后一个时期国际经贸规则中关于国有企业问题的主流理念；直到 2009 年以来欧美推动 TPP/CPTPP，才开始以企业所有制形式为标准来界定和规范国有企业的行为。

二是关于"公共机构"的界定。WTO 框架下另一个与国有企业有密切关系的概念是《补贴与反补贴措施协定》关于"公共机构"的界定。所谓公共机构，一般是指能够依照法律或政府授权来行使公权力职能的实体。但 WTO 并未对公共机构进行明确定义。该协定将政府与公共机构的职能视为相通的，可同等作为提供补贴的主体。在中美 DS379 案件

中，关于国有企业是否能够划归"公共机构"进而构成补贴主体，存在两种不同观点。一种是"政府控制说"。如美国坚持根据国家所有权标准来判断"公共机构"。在 DS379 案件中，专家组支持美国的观点，并进而提出"控制利益"的概念。控制利益是指在公司中拥有 50% 以上的所有权，便可认定政府对该实体存在有效控制。美欧日第七次联合声明指出，"许多补贴是通过国营企业发放的，并讨论了确保这些补贴实体纳入公共机构一词的重要性。"另一种是"政府职能说"。中国在 WTO 框架内主张认定"公共机构"的关键要素是该实体是否履行"政府职能"。上诉机构支持中国的观点，最终驳回了专家组的意见。

从后果看，如果国有企业（包括国有商业银行）被划定为公共机构，那么国有企业向上下游企业提供货物、服务以及贷款、参股等行为，都可能被划为补贴行为，使上下游相关企业受到制裁。鉴于我国国有企业在国民经济中的重要地位和紧密的上下游联系，该做法将对我国企业运营和进出口贸易构成全产业链的广泛打击。

三是美西方国家对国有企业界定标准的新发展。WTO 界定国有企业时不关注其所有权形式，而是重点考察其行为，即坚持所有制中立，避免所有制歧视。与此不同，美欧及其借助的 OECD 等组织力推以"政府控制说"来界定国有企业，将"所有权"与"控制权"等同起来，与美国在 WTO 内关于"公共机构"的认定标准一脉相承。

与此同时，美西方国家力推国有企业范围的扩大化。如 2005 年 OECD 的《国有企业公司治理指引》报告认为，只要国家通过所有权对企业进行了控制，无论股比大小均划为国有企业范畴。OECD 后续的报告进一步将半国营企业、政联公司、公共部门甚至上市公司及中小私人企业都可纳入国有企业的范畴。

在 OECD 国有企业定义基础上，美西方国家推动相关标准不断扩充。其中，TPP 是重要阶段性成果，在采用 50% 控股权标准基础上还补充了管理权标准，对国有企业的范围进行扩展（见表 5–7）。TPP 主要针对从事商业活动的国有企业，且其界定标准有三，满足其中一条便可视为国有企业。一是政府直接拥有 50% 以上的股份资本；二是通过拥有权益控制 50% 以上投票权的行使，即政府能够支配 50% 以上的投票权；三是政府拥有任命大多数董事会或者同等管理机构成员的权利。CPTPP 基本上沿用了 TPP 的相关规定。

表 5–7　WTO 与 TPP、USMCA 关于国有企业的定义

WTO	TPP	USMCA
仅有对国营贸易企业的定义，即各国建立或维持的企业，或对其给予独占权或特权，且从事进出口贸易活动的企业，即为国营贸易企业	1. 政府直接拥有 50% 以上的股权； 2. 政府通过所有者权益、实际超过 50% 的投票权和表决权而拥有对企业的实际控制权； 3. 政府拥有任命大多数董事会或者同等管理机构成员的权利	1. 政府直接或间接拥有 50% 以上的股权； 2. 政府通过所有者权益、实际超过 50% 的投票权和表决权而拥有直接或间接对企业的实际控制权； 3. 政府通过其他所有者权益，包括少数股东权益拥有对企业的控制权； 4. 政府拥有对董事会多数成员的任免权

资料来源：根据相关公开资料整理。

USMCA 在沿用了国有企业为"主要从事商业活动的企业"的界定（见表 5–7），并提出如下四个判断条件，满足一个便可视为国有企业：一是政府直接或间接拥有 50% 以上的股权；二是政府通过直接或间接的所有者权益控制 50% 以上的投票权；三是政府拥有通过任何其他所有者权益（包括间接或少数所有权）控制企业的权力；四是政府拥有董事会或其他同等管理机构的多数任命权。与 TPP 相比，USMCA 一方面将对股权、投票权的占有从"直接"扩展为"直接或间接"占有，另一方面把政府拥有投票权之外的所有者权益控制企业的情况也纳入国有企业范畴。值得注意的是，USMCA 对国有企业定义中的一个突出特点是不包括次级中央政府级的国有企业。该特点明显受美国利益诉求的影响。美国的国有企业大多集中于州政府而非中央政府，因此 USMCA 的国有企业范围并不能对美国大部分国有企业形成约束。

（二）非歧视待遇和商业考虑

以 USMCA 等为代表的高标准 FTA 对国有企业的约束标准进一步提高，非歧视待遇和商业考虑是其重要规定。非歧视待遇和商业考虑要求是指缔约方国有企业在购买或销售货物、服务时应依据商业考虑行事，给予其他缔约方企业不低于本国国有企业、他国国有企业的待遇。其中，商业考虑是相关行业的私有企业在商业决策中通常对价格、质量、可获得性、适销性、运输和其他购销条件及其他因素进行考虑的决策行为。商业考虑原则是美国一直以来坚持对国有企业加以约束的规则。USMCA 等都在国有企业章节规定了两项内容：一是缔约方应确保国有企业从事商业活动时遵循商业考虑原则；二是缔约方应确保国有企业从事商业活动时遵循非歧视原则。

从高标准 FTA 对国有企业规则的发展看，主要体现在以下几个方面。一是 NAFTA 的非歧视待遇和商业考虑原则主要涵盖货物和服务的采购和销售，而 USMCA 将其拓展到投资领域。二是非歧视待遇的内容扩展。非歧视待遇包括最惠国待遇和国民待遇两个原则。GATT 下国营贸易企业的非歧视待遇仅限于最惠国待遇，并未明确规定是否适用于国民待遇，该问题在 WTO 争端解决机制的判例中一直未有定论（见表 5-8）。USMCA 明确规定将最惠国待遇和国民待遇无差别地适用于各缔约方。三是商业考虑成为与非歧视待遇并列的独立的义务，发达国家规则中约束国有企业的规则从非歧视待遇的一个扩展为非歧视待遇与商业考虑并立的两个。四是将违反商业考虑原则的国有企业援助与可诉补贴挂钩，使商业考虑原则发展为规范国有企业因政府补贴而造成所谓不公平竞争的原则。

表 5-8　GATT 国营贸易条款及商业考虑原则的形成

文件	章节	内容
《世界贸易与就业促进建议》	第 3 章 一般商业政策 第 4 节 国营贸易	平等待遇；个别产品国家垄断；贸易完全国家垄断
《国际贸易组织宪章》美国建议文本	第 4 章 一般商业政策 第 6 节 国营贸易	国营贸易非歧视管理；个别产品国家垄断的贸易扩大；贸易完全国家垄断产品的贸易扩大
《国际贸易组织宪章》伦敦草案	第 4 章 商业政策 第 5 节 国营贸易	国营贸易非歧视管理；个别产品国家垄断的贸易扩大；贸易完全国家垄断产品的贸易扩大
《国际贸易组织宪章》日内瓦草案	第 4 章 商业政策 第 4 节 国营贸易	非歧视待遇；贸易扩大
《国际贸易组织宪章》	第 4 章 商业政策 第 4 节 国营贸易及相关问题	非歧视待遇；销售组织；贸易扩大；非商业库存的清算
GATT1947 年文本	第 17 条 国营贸易企业非歧视待遇	非歧视和商业考虑；政府采购例外
GATT1955 年文本	第 17 条 国营贸易企业	非歧视和商业考虑；政府采购例外；贸易扩大；透明度

资料来源：根据相关文献（张斌，2020）整理。

（三）非商业援助

非商业援助是 CPTPP 和 USMCA 特有的条款，其目的是规范国有企业的补贴行为。所谓非商业援助义务，是指缔约方政府向其国有企业提供的非商业援助不得对其他成员国的利益造成损害。其中，非商业援助是指国有企业凭借其政府所有权或控制权而获得的资金转移、债务减免、担保、融资、出资等援助。

与 WTO 相比，CPTPP 和 USMCA 在借鉴《补贴与反补贴协定》（SCM）的基础上，进一步扩大了其应用范围。

一是补贴提供主体的扩展。TPP 绕过 WTO 反补贴体系下关于"公共机构"的争议问题，明确非商业援助的提供方包括国有企业，从而将国有企业之间的贷款优惠、融资、担保等援助以及国企上下游企业间的援助纳入限制范围。

二是补贴形式的增多和构成要件的放松。USMCA 沿用了 SCM 关于非商业援助的三种形式：其一直接或潜在的资金或债务转移；其二提供无法在普通商事交往中获得的货物或服务；其三在购买商品时提供比普通商事交往更有利的条件。在此基础上，该协议在第22.6条中又列举了三种禁止提供的非商业援助：其一对信用状况不佳的国有企业提供贷款或担保；其二对破产或濒临破产且无有效重组计划的国有企业提供非商业援助；其三将国有企业的大量债权转换为股权的异常行为。同时，对这新增的三种类型的禁止援助不以其是否对成员国构成不利影响为前提。

三是补贴适用领域的扩展。SCM 的补贴限于货物贸易，而 CPTPP 和 USMCA 将其扩展到服务贸易领域，对不利影响的评估还涉及涵盖投资的企业。

（四）透明度

高标准 FTA 对国有企业的透明度做出了更为严格的要求。CPTPP 规定应披露国有企业信息，年收入达到门槛金额的国有企业均有信息披露义务。披露情形有二：一是每年定期披露所有国有企业名单以及指定垄断的信息；二是应其他缔约方要求披露国有企业或指定垄断公司治理相关信息，如股权结构、投票权比例、在董事会中任职的政府官员职务、年收入信息等。CPTPP 列举了 10 类关于非商业援助问题需要披露的信息，涉及援助提供机构、法律依据与政策目标、金额、贷款利率与费率等。

四、国有企业规则与我国的比较、对我国的影响与对策

国有企业问题是我国与美西方明显对立的关键议题。美西方一方面打着竞争政策、竞争中性的旗帜，为国有企业规则寻找更为客观中立的理论基础；另一方面污蔑我国为"国家资本主义"，鼓吹发展模式之争，加大对我国的打压。

（1）加大对我国有企业的打击面和打击力度。美国主张的以"政府

控制说"作为国有企业的定义，并且不断扩大国有企业范围的做法，将我国更多企业划入国有企业规则的限制范围中。

因此，应采取如下对策：一是提出自己的国有企业划分规则，建立完善的划分标准体系，坚决反对美西方对国有企业定义不切实际的扩大；二是反对将国有企业划为公共机构，避免美西方国家反补贴措施打击对象过度扩大。三是推动国有企业分类改革，在国务院《关于深化国有企业改革的指导意见》的基础上，科学划分商业类和公益类国有企业，推动商业类国有企业对标竞争中性规则开展活动。

（2）打压我国国有经济的主导作用和经济发展模式，削弱我国宏观调控能力。美西方主导下的竞争中性规则与我国国有企业及国有经济的功能作用上存在差异。竞争中性只允许国有企业在从事非商业活动时不遵守中立原则，而只要国有企业从事商业活动，则必须一律和民营企业完全享受同等待遇。我国的基本经济制度是公有制为主体、多种所有制经济共同发展。国有经济掌握着国民经济命脉，对国民经济具有主导作用。《中华人民共和国反垄断法》明确规定，"国有经济占控制地位的关系国民经济命脉和国家安全的行业以及依法实行专营专卖的行业，国家对其经营者的合法经营活动予以保护，并对经营者的经营行为及其商品和服务的价格依法实施监管和调控，维护消费者利益，促进技术进步"。而美西方推动的竞争中性规则主要来源于公共物品理论，认为国有企业仅能在公共事业中发挥作用，这是对国有企业功能作用的误解和窄化，与更好发挥国有经济的主导作用不一致。一旦美西方竞争中性原则得到推广并将国有企业视为仅仅发挥公共作用的企业，将削弱国有经济作用，进而对宏观调控等产生干扰和冲击。

对此类问题，应采取如下对策：一是要坚守底线，秉持求同存异的态度，采用例外条款等豁免条款解决分歧，对涉及国民经济命脉的行业进行整体豁免，将其放在国有企业规则之外；二是坚持公平竞争原则，确保不同所有制企业平等参与公平竞争的环境，反对在补贴等议题方面对国有企业设置歧视性条款，推动在外资安全审查等规则方面对不同所有制企业提供非歧视待遇；三是采取更为宽广的视角看待竞争政策，不应将全部关注点集中在所有制问题上，而是将规则演进的方向和焦点从国有企业规则进一步扩充到竞争政策这一更宽广的平台上。

（3）加大对涉及国企补贴、知识产权等方面的打压，并对我国国内利率政策、国企改革等带来压力。一旦按美国等的思路扩展国有企业补贴的认定范围，拓展商业考虑等规则的适用领域，发达国家对我国的反补贴政策打击范围将大大扩展，我国银行对国企的贷款、我国利率政策等都将面临发达国家反补贴政策的冲击，利用外资将面临强制知识产权转让等领域的更多指责。这将对我国开展国际经贸合作造成明显干扰。同时，高标准 FTA 对国有企业信息披露的要求与我国国有企业直接相关，豁免难度较高，对我国的影响也比较直接。

为此，要采取如下对策：一是加强规则谈判，防止美西方在商业考虑、非商业援助方面无限提高标准，维护我国发展利益；二是有效推动国有企业、利率市场化改革，营造良好的市场竞争环境。

（4）竞争中性是我国认可的原则，发达国家推动的国有企业规则重构存在与我国国企改革和推动竞争中性的目标相一致的一面。习近平总书记在 2018 年 12 月 19—21 日召开的中央经济工作会议上明确指出，要强化竞争政策的基础性地位，创造公平竞争的制度环境，鼓励中小企业加快成长。2018 年，时任央行行长易纲在 G30 国际银行业研讨会上提出"考虑以竞争中性原则对待国有企业"。借鉴 WTO 竞争政策与竞争中性规则改革，客观上有助于我国构建公平竞争的市场环境，有效促进不同所有制、不同类型企业在公平竞争中共同发展、共同进步。

为此，在与我国方向一致的领域，应积极对标高水平经贸规则，更好发挥竞争中性对我国国企改革的促进作用，夯实竞争政策基础性地位。

第四节　补　贴

近年来，美欧日等发达国家在补贴规则上对我国施加的压力加剧，集中体现在美欧日七轮联合声明中。该议题与国有企业、知识产权等规则相联系，对我国构成一定的规则压力。

一、关于补贴的概念

WTO 的 SCM 协议中将补贴界定为一种促进出口、限制进口的贸易手段，即一国政府或公共机构对某一企业或产业提供财政补助或价格、收入支持，造成对外出口增加或自外进口减少，或者因此损害其他成员利益的措施。SCM 中关于补贴的定义包括如下情形：

在某一成员的领土内由政府或任何公共机构提供的财政资助，包括：（1）涉及资金直接转移（如补助、贷款、投资入股），或资金或债务潜在转移（如贷款担保）的政府行为；（2）政府本应征收收入的放弃或未予征收（如税额减免之类的财政鼓励）；（3）政府提供一般基础设施之外的商品或服务，或收购产品；（4）政府通过向基金机构支付，或委托或指示私人机构行使上述（1）至（4）所列举的一种或几种通常应由政府履行的功能，这种行为与通常由政府从事的行为没有实质性差别。同时协议规定，在上述补贴情形中，只有当具有专项性时，该类补贴才受到 SCM 协议的约束和限制。

所谓专项性补贴，《SCM 协定》第二条将其定义为：（1）授予机关或其运作所根据的立法将补贴的获得明确限于某些企业。但若获得补贴资格和补贴数量的客观标准或条件是公开、透明、标准清晰且资格为自动获得的，则相关补贴便不具有专向性。（2）补贴的范围限于授予机关管辖范围内指定地理区域的某些企业；中央和地方政府统一调整税率不属于专向性补贴。（3）事实上的专向性补贴，即虽从法律上和表面上看不是专向性补贴，但事实上属于专向性补贴。如事实上的部分而非全部企业得到补贴、对部分企业给予不成比例的大量补贴等。因此，补贴的要素有四：一是主体是政府或公共机构；二是财政资助等支持；三是客体是企业；四是具有专项性。

SCM 协议将补贴分为禁止性补贴、可诉性补贴、不可诉补贴三大类。其中，只有专项性补贴才属于禁止性补贴和可诉性补贴，换句话说，只有专项性补贴才可能存在不合规进而起诉国可对其实施反补贴措施。

所谓禁止性补贴，是指任何情况下都不能采用的补贴措施，包括出口补贴、进口替代补贴。所谓可诉性补贴，是指在一定范围内可以实施，但若对其他成员利益造成损害，受损国可以采取反补贴措施的补贴。所谓不可诉补贴，是指可自行实施且不受其他成员反对、申诉和采取反补贴措施影响的补贴。2000 年 1 月 1 日前，不可诉补贴包括非专项性补贴以及研发补贴、落后地区补贴、环境补贴等三类特殊专项性补贴；2000 年 1 月 1 日后，三类特殊专项性补贴已不再是不可诉补贴，归入可诉性补贴范围。

二、补贴规则重构的五个焦点议题

（一）关于公共机构的范围

美欧日第七次联合声明批评世贸组织上诉机构在若干报告中对"公共机构"的解释损害了世贸组织补贴规则的有效性，反对将该实体"拥有、行使或被授予政府权力"作为判断公共机构的规则，一致主张继续研究"公共机构"的定义。该声明的实质就是否认中国和 WTO 上诉机构所采取的关于公共机构定义的"政府职能说"，代之以美国一贯坚持的"政府控制说"，进而将中国等国家的国有企业和商业银行纳入"公共机构"的范畴，以便对国有企业上下游产业进行全面反补贴打击。

（二）扩大禁止性补贴范围

美欧日认为WTO《补贴与反补贴协定》第3.1条有关禁止性补贴的内容不能解决扭曲市场和贸易的补贴问题，需要增加新的禁止性补贴类型。在美欧日第七次联合声明中，提出了新增的类型，包括：（1）无限担保；（2）在缺乏可信的重组计划的情况下，对资不抵债或陷入困境的企业提供补贴；（3）对产能过剩行业或无法从独立商业来源获得长期融资或投资的企业给予补贴；（4）特定情况下直接免除债务。

该规定大大拓展了禁止性补贴的内容和操作的任意性。一是对所谓"可信的重组计划""濒临破产""陷入困境"等概念的定义不明确，"产能过剩"评价标准不清晰，带来反补贴措施滥用的隐患。二是未对所谓"直接免除债务"进行界定，尤其是新的规定与"债转股"做法有密切关系，并且对银行补贴的关注点从贷款、担保等领域延伸到破产、重组、债务免除等领域。

另外，该规定也隐含着对补贴认定范围的另一个维度的扩大，即将补贴认定从财政领域扩展到金融领域。WTO现有框架下的补贴认定主要集中在政府转移支付、政府采购等财政方面，而美欧日连续发布的7次联合声明，将国有银行贷款、政府影响下投资基金股权投资、债转股等纳入监控范围，明显向金融领域进行扩展。

（三）增加举证责任倒置机制

美欧日第七次联合声明中引入举证责任倒置机制，针对四种补贴类型，要求由补贴提供国而非起诉国提供关于本国补贴未对贸易或产能造成"严重损害"的证据，若无法提供证据则必须取消补贴。这四种类型的补贴如下：（1）数额过大的补贴；（2）支持缺乏竞争力的公司并阻止它们退出市场的补贴；（3）在没有私人商业参与的情况下，创造大规模产能的补贴；（4）与出口时相同商品的价格相比，国内投入价格较低的补贴。

根据 SCM 协定第 6.3 条规定，所谓未造成"严重损害"主要包括四种情况：（1）未取代或阻碍另一成员同类产品进入提供补贴成员的市场；（2）未取代或阻碍另一成员同类产品向第三国市场的出口；（3）未对另一成员同类产品的价格造成削减、压低或抑制；（4）提供补贴成员的世界市场份额没有增加。若按过去举证责任在起诉方的情况，起诉方只需要证实其中一条，便可取消这条补贴；举证责任倒置后，补贴提供国为避免补贴被取消，需要同时证明上述四条均成立，难度非常大。

（四）将"产能过剩"纳入"严重损害"的范围

SCM 协定第 6.3 条对"严重损害"情况的规定并不包括产能过剩问题。美欧日第七次联合声明认为 SCM 的规定没有提到补贴对产能的扭曲问题，主张将扭曲产能或产能过剩加入判定"严重损害"的情况中，意在将产能过剩问题归咎于中国，以坐享中国压低产能带来的收益。一旦产能问题列入 WTO 关于"严重损害"情形中，我国相关产业在 WTO 中被起诉的门槛将大大降低，被起诉的频率会大大上升，对我国产业体系构成压力。

（五）提高透明度和增加反向通报惩罚

在 WTO 框架下，补贴的自愿通知制度未能发挥应有的作用，不少国家忽视或延后向 WTO 提供补贴通知，透明度履行情况有待改善。据欧盟消息，在 SCM 框架下接近一半欧盟成员未履行通报义务。针对这一情况，美国建议如果 WTO 一个成员质疑另一成员存在补贴问题，补贴和反补贴委员会应规定被质疑方做出答复的截止日期，逾期视为放弃抗辩权利。2018 年 11 月，美欧日向 WTO 提交《加强透明度和通告要求》提案，将"解决成员国不遵守 WTO 透明度义务的问题"作为提高 WTO 监测职能有效性和效率的当务之急，主张对没有及时履行通报义务的成员，限制其参与 WTO 运作的权利，提供技术支持和激励机制，通过补贴通报的推定机制加强通报义务的执行等。同时，美欧日三方提出，增加产业补贴政策通报的激励机制，加强反向通报惩罚，即如果一个成员未能按要求通报补贴项目，其他成员有权提请其注意；如果该成员未能快速反馈通报情况，则其他成员可反向通报，提请 WTO 补贴和反补贴委员会注意，并将该项补贴作为禁止性补贴，除非该成员能够在规定时间内书面提供所需举证材料。

三、补贴规则对我国的影响与对策

补贴是世界各国普遍存在的经济政策手段，美欧等发达国家也不例外。但受经济基础、发展阶段、发展模式等领域差异性的影响，不同国家的补贴政策方式、手段、目标、对象等存在明显差异。一方面，补贴的存在有其合理的一面，是政府发挥作用干预经济活动的一种方式，对于保护"幼稚"产业、发展民族工业和促进科技创新具有重要作用。另一方面，过度的、不透明的补贴对良性市场环境的打造和经济发展前景具有不利的影响，应当加以规范。

当前，发达国家加力推动国际补贴规则重构。客观地讲，对 WTO 补贴规则的不合时宜之处加以完善确有其必要性，但发达国家对补贴规则的提高已经明显超过"客观需要"的程度，意在加大对我国产业补贴和产业政策的限制，削弱我国国际竞争力。一个有代表性的例子便是发达国家近年来开展的产业政策竞争。2019 年 2 月 5 日，德国经济事务和能源部部长彼得·阿特迈尔在柏林公布《国家产业战略 2030：对于德国和欧洲产业政策的战略指导方针》。阿特迈尔认为，"在科技和产业竞争领域，美、中、日等国正处于第一集团，争夺全球市场。德国必须争取处于第一集团"。为此，该报告提出了一个目标是到 2030 年逐步将工业增加值达到占德国的 25% 和欧盟的 20%。同时，英法共同敦促欧盟出台相关产业政策以参与全球高科技领域竞争，加大对产业补贴规则的约束，也有这方面的考量。发达国家推动的补贴规则将对我国产生一定影响，对此应保持高度关注，并采取适当的应对措施。

（1）公共机构的认定将对我国与国有企业相关联的产业生态构成全面冲击。一旦将国有企业划为公共机构，势必使与之有供货、采购、融资、投资等业务联系的上下游产业链面临国外反补贴的全面打击。对此，应加强规则谈判，防止公共机构范围不适当扩大，避免国有企业被划为公共机构。

（2）补贴认定范围的扩大、举证责任倒置、透明度等条款加大了美西方对我国实施反补贴措施的频率、主观随意性，提高对我国应诉要求和透明度要求，实践中或成为美西方推行贸易保护主义的手段，加大对我国产业的反补贴打击。

为此，应采取如下对策。一是加强国际补贴规则谈判力度。推动恢复不可诉补贴并扩大范围。改进反倾销价格比较相关规则，改进日落复审规则。二是防止贸易救济措施滥用误用。推动澄清和改进补贴认定、补贴利益确定、可获得事实以及"严重损害"认定等补贴和反补贴相关规则，避免美西方国家发起反补贴措施的任意性和随意性。推动改进反倾销反补贴调查的透明度和正当程序，加强效果与合规性评估。推动减少反补贴措施的模糊表述和主观随意性，强调起诉方在发起反补贴措施时的举证责任。

（3）客观上存在与我国产业政策发展方向一致的一面。补贴规则的合理改革客观上能够填补 WTO 补贴规则漏洞，在一些领域与我国产业政策发展方向相一致，客观上有利于促进我国产业政策进一步优化完善。

对此，应推动如下工作：一是应借鉴国际规则，确立竞争政策的基础性地位，清理各地产业规划和政府文件，加强竞争政策审查和 WTO 规则合规审查；二是不断优化补贴方式、手段和对象，加大对基础研究、公益性研究等的补贴支持，减少"撒胡椒面"等效力不高的补贴方式；三是加快补贴政策体系改革，积极对接国际标准，提高政策透明度，明确各项补贴的授予标准、补贴程序、退出机制，积极履行通报义务，提高补贴政策合规程度。

第五节　知识产权保护与强制技术转让

当前，知识产权保护与强制技术转让成为国际经贸规则重构的重要内容，二者之间紧密联系。从内涵看，知识产权保护比强制技术转让内容更为丰富，不仅包括版权、商标权、专利权等传统领域，而且向植物新品种、遗传物质等扩展。而国际技术转让的发展初期主要标的是与机器设备使用相关的工业产权，后来向专有技术、商业秘密及信息领域扩张，成为国际知识产权保护的重要部分，在美西方的推动下也成为国际经贸合作的重要议题。随着全球化和科技革命的发展，知识产权保护与强制技术转让越走越近，变得不可分离。

一、知识产权保护规则演进与总体情况

国际知识产权规则体系主要包括两个部分：一是以世界知识产权组织（WIPO）为代表的规则体系，具体包括《保护工业产权巴黎公约》《保护文学和艺术作品伯尔尼公约》等多边知识产权国际公约；二是以 WTO 框架下《与贸易有关的知识产权协定》（TRIPS）为代表的知识产权规则体系（见表 5-9）。在这两大体系之外，以高标准 FTA 协议为载体的知识产权保护规则不断发展，此类规则往往高于 TRIPS 及 WIPO，被称为"TRIPS-plus 条款"，成为当前带动知识产权规则发展不可忽视的力量。

从发展历程看，知识产权国际规则的演进分为以规则一体化为特征的"TRIPS 时代"和以规则碎片化为特征的"后 TRIPS 时代"。

一是知识产权规则的一体化努力。1884 年 7 月生效的《保护工业产

权巴黎公约》(简称《巴黎公约》)和 1886 年 12 月生效的《保护文学和艺术作品伯尔尼公约》(简称《伯尔尼公约》)是国际知识产权规则一体化开始的标志。1893 年成立的保护知识产权国际联合局(简称 BIRPI,为 WIPO 的前身)负责管理这两个公约,但其管辖权有限、法律地位不强。为增强话语权和影响力,BIRPI 于 1967 年改造为世界知识产权组织(WIPO),积极寻求与联合国的合作,并成为联合国的一个机构,但仍缺乏有效的争端解决机制。而关贸总协定在这方面拥有明显优势,通过一步步的谈判努力,开始成为知识产权规则的核心部分。1979 年东京回合结束后,全球制成品关税大幅降低,知识产权等非关税壁垒成为突出问题。在美国等推动下,1986 年乌拉圭回合将知识产权纳入谈判议程,达成具有历史意义的 TRIPS 协定。该协定首次将知识产权与贸易相关联,首次确立了最低保护标准,将原属各国国内法领域的知识产权问题纳入国际法领域。

表 5-9　当前国际知识产权规则体系构成

体系	规则体系		
	大类	中国已加入	中国尚未加入
WTO	《与贸易有关的知识产权协定》	《与贸易有关的知识产权协定》	无
WIPO	《世界知识产权组织公约》	《世界知识产权组织公约》	无
	关于各类知识产权具体保护标准的条约(15)	《保护工业产权巴黎公约》 《保护文学和艺术作品伯尔尼公约》 《保护录音制品制作者防止未经许可复制其录音制品公约》 《关于集成电路知识产权的华盛顿条约》 《商标法条约》 《世界知识产权组织版权条约》 《世界知识产权组织表演和录音制品条约》 《商标法新加坡条约》 《视听表演北京条约》 《关于为盲人、视力障碍者或其他印刷品阅读障碍者获得已出版作品提供便利的马拉喀什条约》	《制止商品来源虚假或欺骗性标记马德里协定》 《保护表演者、录音制品制作者和广播组织罗马公约》 《发送卫星传输节目信号布鲁塞尔公约》 《保护奥林匹克会徽内罗毕条约》 《专利法条约》

体系	规则体系		
	大类	中国已加入	中国尚未加入
WIPO	关于知识产权国际注册管理的条约（6）	《商标国际注册马德里协定》《专利合作条约》《国际承认用于专利程序的微生物保存布达佩斯条约》《商标国际注册马德里协定有关议定书》	《工业品外观设计国际注册海牙协定》《保护原产地名称及其国际注册里斯本协定》
	关于对发明专利、商标、工业品外观设计予以分类的条约（4）	《商标注册用商品和服务国际分类尼斯协定》《建立工业品外观设计国际分类洛迦诺协定》《国际专利分类斯特拉斯堡协定》	《建立商标图形要素国际分类维也纳协定》
其他国际组织	联合国教科文组织（UNESCO）	《世界版权公约》《保护非物质文化遗产公约》《保护和促进文化表现形式多样性公约》	无
	联合国环境规划署（UNEP）	《生物多样性公约》	无
	国际保护植物新品种联盟（UPOV）	《国际植物新品种保护公约》	无

资料来源：根据相关材料整理。

二是"后TRIPS时期"知识产权规则的碎片化趋势。20世纪末以来，以WTO和WIPO为代表的知识产权多边规则的影响力开始下降。从WTO体系看，TRIPS是发达国家与发展中国家博弈与妥协的结果，二者存在尖锐的利益冲突。一些发达国家认为TRIPS对发展中国家所设立的弹性条款及过渡期安排降低了发展中国家的知识产权保护义务，损害了发达国家利益，因此试图进一步提高TRIPS的标准，对此发展中国家表示强烈反对。从WIPO方面看，尽管"后TRIPS时期"在推动知识产权国际规则制定方面达成了《马拉喀什视障者条约》《专利法条约》《视听表演北京条约》等协议，但其所涉事项范围较窄，内容和影响力有限。

近年来，发达国家感到在多边场合达成提高知识产权规则无望，便将规则谈判的重点从以WIPO和WTO为代表的多边场合转向双边和区域性 FTA 领域，USMCA 等高标准巨型 FTA 均对知识产权规则进行明显提升，加剧了知识产权规则的碎片化趋势。

导致知识产权规则碎片化的另一个原因是诸边贸易协定，这是发达国家制定高标准知识产权规则的另一个重要平台。如，《服务贸易协定》相对于《服务贸易总协定》标准明显提高；为解决盗版软件和假冒商品问题，《反假冒贸易协定》（ACTA）比 TRIPS 的知识产权标准明显更高，在保护客体上囊括了所有知识产权类型，在打击范围上覆盖从传统有形市场到无形的数字空间，其执法措施等均较 TRIPS 更严。尤其是 ACTA 的谈判采取"俱乐部模式"，只有发起国和受邀国才能参加，并且它既不遵循 WTO 的谈判程序，又不使用 WTO 的谈判场所，还不适用 WTO 的争端解决机制等执行机制，完全游离于 WTO 之外，对 WTO 框架构成横向竞争，加剧了国际知识产权规则的碎片化。

另外，美国等以国内法压国际法，干扰国际知识产权规则的普遍适用，构成知识产权规则碎片化的另一原因。美国凭借自身地位，违反国际规则，利用"301 调查"等单边方式维护自身利益，对其他国家实施贸易保护和单边制裁，加剧了国际统一的知识产权规则的形成难度。

二、知识产权规则的发展趋势与焦点问题

（一）传统知识产权保护内容的发展与强化

与 TRIPS 相比，新一轮高标准 FTA 对知识产权保护的传统领域进行了深化和强化。

第一，版权领域。USMCA、欧日 EPA 等延长了作品、表演、录音制品的版权及相关权保护期，规定不得少于作者去世后 70 年或自作品首次授权发行后 70 年。

第二，数字条件下版权等知识产权问题。USMCA 重视网络环境下版权保护，引入互联网提供商责任限制条款。TPP 引入了"避风港"制度，

规定互联网提供商的免责条件、"通知—删除"规则、信息披露义务、错误通知责任承担等。USMCA 在"交互式计算机服务"条款中明确规定，若互联网服务提供商传递的信息涉及知识产权侵权，仍应作为内容提供商承担连带责任，加强互联网提供商在知识产权保护方面的责任。

第三，商标权。USMCA 降低了商标注册限制，扩大了可注册范围，延长商标保护期至 10 年。提供对域名的保护，规避恶意注册。

第四，专利权。高标准 FTA 中可授予专利的客体范围有所扩大，规定已知产品新用途、使用已知产品的新方法或新工序可授专利。在地理标志保护和外观设计方面，日欧 EPA 建立地理标志的注册和保护体系，明确规定受保护地理标志不能注册为商标；给予外观设计不少于 20 年的独占保护，高于 TRIPS 的 10 年。

（二）新的知识产权种类的增加

第一，植物新品种。日欧 EPA 将植物新品种列入知识产权保护范围内，对 TRIPS 列举的知识产权种类加以丰富。

第二，药品。与 TRIPS 相比，美西方近年来签署的一系列高标准 FTA 都将药品知识产权保护作为重要内容。CPTPP 与 USMCA 设立"与药品制品有关的措施"的独立章节。USMCA 加强药品试验数据保护，将保护范围扩大至生物制品领域，设置 10 年的生物药品试验数据保护期。

第三，遗传物质、传统知识、民间文学。RCEP 将其纳入保护范围，开创了在高标准区域 FTA 中保护遗传物质等知识产权的先河。

（三）知识产权执法力度的加大

与 TRIPS 的弹性条款和最低标准相比，TPP/CPTPP、USMCA 大幅压缩了 TRIPS 执法规则的弹性，提高了知识产权执法要求。如，侵权赔偿救济措施更为严格，强调对数字环境等特定环境下的执法义务，扩大对盗版侵权的海关执法范围（见表 5-10）。

表 5-10　高标准 FTA 知识产权规则对 TRIPS 的发展

内容	事项	TPP	CPTPP	USMCA	日欧 EPA	RCEP 草案
知识产权范围和使用条款	版权保护期限	延长	冻结相关规定	延长	延长	广播权保护期限延长（日韩主张）
	版权网络保护措施	具体规定	冻结相关规定	具体规定	—	有规定（日韩主张）
	商标注册条件	减少限制	保留	减少限制	—	减少限制（中、东盟等主张）
	驰名商标	扩大保护	保留	扩大保护	未扩大 TRIPS 要求	扩大保护（日韩主张）
	域名	明确保护	保留	明确保护	—	—
	地理标志	具体规定	保留	具体规定	具体规定	具体规定（东盟主张）
	外观设计	类似 TRIPS	保留	具体规定	具体新规定	规定
	可授予专利的客体	扩大范围	冻结相关规定	扩大范围	—	与 TRIPS 一致
	药品、农化产品保护	具体新规定	冻结相关规定	具体规定	具体规定	具体规定（日韩主张）
	植物新品种	—	冻结相关规定	—	规定	规定（日韩主张）
	遗传物质、传统知识等	概括规定	保留			具体规定（中、东盟等主张）
知识产权执法条款	推定知识产权有效	版权、商标、专利领域		版权领域	版权领域	版权领域（韩、澳主张）
	赔偿金额的估价标准	可以零售价估算		可以零售价估算	任何合理方式（未具体）	可以零售价估算（日韩澳主张）
	惩罚性赔偿	可进行额外赔偿		可进行额外赔偿	—	—
	过境货物的海关执法措施	明确规定		扩大至进出自贸区所有区域	—	—
	适用刑事程序处罚的标准	明确"商业规模"		明确"商业规模"	—	未解释"商业规模"
	影院中的盗摄盗录	适用刑事程序		适用刑事程序	—	—
	盗取商业秘密	适用刑事程序		适用刑事程序	适用民事程序	—
	加密节目或卫星信号的保护	适用刑事程序（CPTPP 冻结）		适用刑事程序	—	—

内容	事项	TPP	CPTPP	USMCA	日欧 EPA	RCEP 草案
知识产权执法条款	政府适用软件	采取行政措施		采取行政措施	—	采取适当措施（东盟、中韩等主张）
	数字环境中的执法	规定		规定	—	规定

资料来源：根据有关文献（褚童，2019）整理。

注：—为未规定或未明确规定。

三、国际强制技术转让规则

国际技术转让，又称为"国际技术贸易"，在《联合国技术转让行动守则（草案）》（以下简称《守则》）中定义为关于制造产品、应用生产方法或提供服务的系统知识的转让，但不包括贸易的单纯买卖或租赁。《守则》列举了国际技术转让的主要内容：（1）各种工业产权的转让、出售或授予许可，即以转让或许可合同方式提供发明专利权、实用新型权、外观设计专利权及商标权为内容的技术知识，不包括商标、服务标志和商号名称；（2）以可行性研究、计划、图表、模型、说明、手册、公式、技术规格或详细工程设计和训练设备、技术咨询服务和管理人员服务以及人员培训等方式，提供专有技术知识；（3）提供工厂和设备的安装、操作和运用以及交钥匙项目所需的技术知识；（4）提供将要或者已经购买、租赁或以其他方式获得的机器、设备、中间产品或原材料取得、安装、使用所需的技术知识，提供工业和技术合作安排的技术知识。

（一）关于国际技术转让与知识产权保护的关系

两个多世纪以来，国际技术转让与知识产权保护从毫不相干发展到现在的密切相关。19世纪末之前，国际上关于知识产权保护和国际技术转让的保护很少，各国先进技术被其他国家模仿、复制比较常见。19世纪80年代后，国际上关于知识产权保护规则开始起步，开始时集中在专利、商标、版权等领域，后来由 1883 年的《巴黎公约》扩展到工业产权、1886 年《伯尔尼公约》扩展到著作权。二战时期经济萧条，知识产权问题未引起重视。20 世纪 60 年代后，西方发达国家对技术的重视程度不断提高，意识到技术是知识产权的重要内容，要加强保护。20 世纪 70 年代至今，国际技术转让与知识产权保护相辅相成。一种观点认为知识产权保护有利于促进国际技术转让，另一种观点则截然相反。

在发展初期，国际技术转让的主要标的是工业产权，围绕机器设备的安全使用问题，通过《巴黎公约》便可解决。随着科技进步和经济发展，国际技术转让标的从单一工业产权向信息领域扩张，专有技术、商业秘密也包含在内，且转让方式也从单一的技术转让法律关系发展为涉及跨国企业合资经营、投资方式等技术转让，涉及的知识产权法律不断增多。这一变化推动各国知识产权法律法规随技术转让方式的演变而发展，如我国 2018 年公布《知识产权对外转让有关工作办法（暂行）》。

（二）关于强制技术转让缺乏统一国际规则

目前，国际上缺乏关于国际技术转让的多边规则。《行动守则》谈判未取得预期成果，强制技术转让在国际层面主要由三大类规则来初步规范：一是 WIPO 下的《巴黎公约》《专利合作条约》《伯尔尼公约》；二是 WTO 下的《与贸易有关的知识产权协议》和《与贸易有关的投资措施协议》（简称 TRIMs）；三是联合国等制定的《国际技术转让行动守则（草案）》和《跨国行动守则（草案）》。其中，WTO 规则体系下的技术转让规则具有核心作用。目前国际技术转让规则总体而言侧重原则性表述，条款规定相对笼统，缺乏有效的现实规范和引导作用。在此背景下，高标准 FTA 和美国等国内法成为强制技术转让规则重构的重要内容。

（三）高标准 FTA 中发达国家关于强制技术转让规则的三种模式

美国一向坚决主张对"强制技术转让"予以完全禁止。早在 NAFTA 中便规定，涉及跨境投资时，禁止缔约方强迫执行技术、生产工艺或其他专有知识转让的要求。之后，美国三版《美国双边投资条约范本》都沿用了 NAFTA 中的完全禁止态度，且对强制技术转让的禁止贯穿了从投资准入阶段直到管理经营阶段，比 TRIMs 更为严格。如 2012 年《美国双边投资条约范本》规定，缔约方不得要求境外投资者向境内人转让技术，其中，"投资"概念包括设立、收购以及其他投资方式。美国与卢旺达双边投资协定以及美国与韩国自由贸易协定均沿用这一规定。

与美国模式不同，加拿大、日本等双边投资协定虽然也强调禁止强制技术转让，但增添了允许技术转让的例外条款，立场更为中立和缓和。如《2004 年加拿大双边投资范本》规定了"为了救济可能违反竞争法"的行为的例外。《日本—越南双边投资协定》对公共利益相关的技术转让不予禁止。

欧盟模式关于技术转让的条款则更倾向于促进国际技术流通以及与发展中国家的技术合作。在与哈萨克斯坦、越南的合作协定中，欧盟支持东道国技术发展，并将环境友好型技术、信息通信技术以及能源技术向发展中国家转让。

（四）我国与美欧关于强制技术转让规则的比较与分析

以中美两国为例，在强制技术转让方面存在的区别如下。一是技术和技术转让的定义不同。《301 调查报告》对技术采取广义定义，包括生产和交付商品和服务所需的知识和信息，以及用于解决实际技术或科学问题的其他方法和过程。除受专利、版权、商标、商业秘密和其他类型的知识产权保护的信息保护外，定义还包括"专有技术"（见表 5-11 ）。美国将技术转让定义为技术许可，而非专利所有权的转让。我国则借鉴世界知识产权组织 1977 年版的《供发展中国家使用的许可证贸易手册》中的定义。该定义认为，技术分为三类：其一制造产品的系统知识；其二一项工艺的系统知识；其三有关服务的系统知识。技术转让是技术拥有方将技术让于另一方所有或使用。我国将技术定义为关于某一领域有效的科学的全部，以及在该领域为实现公共或个体目标而解决实际问题的规则的全部。我国将技术转让分为技术转让与技术许可。

二是对技术转让和知识产权的保护力度和重点客观上存在一定差异。美国是科技创新领域的传统大国，对技术转让高度重视，尤其是在高新技术、金融等领域。2017年11月，美国国会通过2018年"外国投资风险评估现代化法案"（FIRRMA），并于2018年8月13日签署后正式生效。该法案推动美国外资投资委员会（CFIUS）对美国外国投资审查范围的大幅扩展，同时使其有权审查美国关键技术公司以知识产权向国外公司进行的出资、合资等事项。相比之下，我国在技术转让的领域、保护程度、执行力度等方面正处于不断加强和完善的阶段，保护重点也有所差异。

表5-11　中美涉及知识产权的"301调查"

时间	内容
1991年4月特别"301调查"	具体指控包括如下内容： 专利法有缺陷，尤其是对药品和农业化学品不提供产品专利保护； 对首次发表于中国之外的美国作品，不提供著作权保护； 著作权法及有关法规对著作权的保护水平过低，版权法没有完全制定出来，计算机软件没有按照文学作品来保护； 对商业秘密的保护不足； 另外，中国缺乏对于知识产权，包括商标权的有效实施。 从结果看，1992年1月签署《中美关于知识产权保护的谅解备忘录》
1994年6月特别"301调查"	美国认为中国在实施立法方面不力，并且实质上也没有保护著作权作品的立法，盗版严重，尤其是音像制品和计算机软件。 从结果看，1995年2月签署《中美知识产权保护协议》
1996年4月特别"301调查"	中国被美方列为当年唯一的"301条款"重点国家。美方提出因为中国的盗版行为，美国出版业1995年的损失达23亿美元。美方认为，中方未采取有效行动解决盗版问题，且在市场准入方面没有取得实质性进展。 从结果看，1996年6月中美达成知识产权的第三个协议，协议由部长换函和"关于中国在1995年知识产权协议项下所采取的实施行动的报告"两部分组成

续表

时间	内容
2017年8月特别"301调查"	针对"在技术转让、创新和知识产权保护方面，中国政府的政策和措施是否对美国的贸易利益有不合理的歧视或损害"启动调查。其2018年3月公布的"301调查"报告提出四项指控。（1）不公平的技术转让制度。使用各种手段，包括不透明和自由裁量的行政审批程序、合资企业要求、外资股权限制、采购以及其他机制来监管或干预美国公司在中国的业务，以要求或迫使向中国公司转让技术和知识产权。模糊和不成文规则，以及与国家规则不同的地方规则，政府官员以选择性和不透明的方式实施这些规则，以施压技术转让。（2）歧视性许可限制。中国政府的行为、政策和做法剥夺美国公司在与中国公司进行许可和其他与技术有关的谈判中设定市场条款的能力，并削弱美国公司对其在中国技术的控制。例如，技术进出口管理条例规定的进口技术的赔偿和技术改进所有权的特殊条款，以及其他一些在许可和技术合同中规定的非市场条款。（3）境外投资。中国政府指导以及不公平地促进中国公司对美国公司和资产的系统投资收购，以获得重要行业的尖端技术和知识产权，并进行大规模的技术转让。（4）侵入美国商业计算机网络，并通过网络盗窃知识产权和敏感商业信息。中国政府正在进行或支持未经授权侵入美国商业计算机网络，或通过网络窃取知识产权、商业机密或机密商业信息。 从结果看，2020年1月签署《中美第一阶段协议》
2018年4月特别"301调查"	美国贸易代表办公室每年发布关于世界各国知识产权保护现状的年度"特别301报告"。2018年报告对美国贸易伙伴进行知识产权保护和有关法规执行状况的审议结果，把36个国家列入"优先观察名单"和"观察名单"，中国位列"优先观察名单"之首。报告指责中国存在强制技术转让，称一个公司将产权专利转让给中国，就能得到市场准入、政府采购等优惠。报告敦促中国在制定创新促进政策时，避免采用强迫技术转让、强制本地化政策等做法。报告称中国在盗版光碟禁方面虽有进展，但仍不够。报告批评中印为全球分销假冒药品主要来源，对患者健康和安全构成威胁。 从结果看，2020年1月签署《中美第一阶段协议》

资料来源：根据相关文献（单晓光，2020）及材料整理。

　　三是法律体系存在一定差异。美国技术转让和知识产权法律体系总体比较成熟。与之相比，我国有关技术转让的法律仍处于加快完善过程中，技术转让和知识产权保护等规定仍然分处各部门中，统一性有待进一步加强（见表5-12）。

表 5-12　国内技术转让法律法规

类别	法律规范名称	具体内容
国际技术转让以及技术合同法律法规	《技术进出口管理条例》	主要对技术进口和出口管理、法律责任，属于限制进口或出口实行许可证管理等进行了规定；科技成果转化的具体措施以及奖励方法的规定
	《禁止出口限制出口技术管理办法》	
	《禁止进口限制进口技术管理办法》	
	《促进科技成果转化法》	
	《合同法》	主要针对技术开发合同和技术转让合同做了专门规定。本文只涉及技术转让合同。技术转让合同有一般性规定和14条专门条款
对外贸易和投资相关法律	《对外贸易法》	第三章和第五章规定了技术进出口的实施原则，以及与对外贸易有关的知识产权保护措施等
	《知识产权对外转让有关工作办法（试行）》	规定了有关知识产权对外转让的审查范围、审查内容、审查机制等
	《外商投资法》	外商投资企业或者外资企业的国民待遇、知识产权协同保护以及遵循自愿原则和商业规则开展技术合作等规定
	《外商投资法实施条例》	
知识产权基础法律	《专利法》	专利、商标、计算机软件等知识产权的转让、许可相关规定
	《商标法》	
	《专利审查指南》	
	《计算机软件保护条例》	
知识产权保护政策	《关于强化知识产权保护的意见》	提高知识产权创新能力、加强知识产权的保护和运用
	《中国制造 2025》	
	《"十三五"知识产权保护与运用规划》	

资料来源：根据相关文献（梁霞，2020）整理。

（五）强制技术转让规则的发展方向

目前，国际强制技术转让问题缺乏统一多边规则，通行规则存在明显问题。

一是只有保护知识产权的规则，缺乏促进技术转让的规则。目前，在货物、服务、资本、劳动力、技术等各类要素的国际流通中，技术流通的规则最落后。目前，只有禁止强制技术转让的规则，却没有促进技术有效合理转让的规则，在实质上是保护技术领先国的技术垄断租金，对技术落后国家尤其是发展中国家不利。

二是目前技术转让和知识产权保护只针对政府机构，缺乏对跨国公司技术垄断的规范。近日，欧亚集团主席布雷默在美国外交事务杂志网站的文章中指出，以亚马逊、阿里巴巴、谷歌、微软为代表的大型科技公司地缘政治影响力猛增，正在主导构建数字世界，并监管这个世界，与政府争夺影响力。以新的国际经贸规则重构加强对大型跨国公司的监管，成为现实需要。

三是强制技术转让的认定存在争议，规则存在过度扩大化、高标准化的倾向。尤其是在如何界定技术转让、何为"强制性"等问题上，发达国家与发展中国家之间存在明显差异。该问题不解决，将造成国际技术转移规则的混乱和失序。

禁止强制技术转让是我国的一贯立场。我国在《关于中美经贸摩擦的事实与中方立场》中明确指出："在中外企业合作中，中国政府没有强制要求外商投资企业转让技术的政策和做法。"《中华人民共和国外商投资法》明确禁止强制性技术转让。

在强制技术转让的规则制定方面，应推动相关规则向如下几个方向发展。一是加强对跨国公司限制性商业惯例的限制规则。跨国公司利用技术优势，追求垄断势力，抑制创新活动的限制性商业惯例对发展中国家产生不利影响，应得到有效控制。二是强化发达国家对发展中国家的技术转让义务。加强同发展中国家的联合，在新的规则制定中充分体现发展中国家的利益。三是推动强制技术转让规则采取温和、中立的立场向前发展。避免美国模式带来的对技术"过度垄断"的危险。

四、知识产权规则新动向对我国的影响及对策

目前，我国FTA对知识产权的重视程度不断提高。在已签署的FTA中，中韩FTA在知识产权方面最为系统，包括：版权和相关权，商标，专利和实用新型，遗传资源、传统知识和民间文艺，植物新品种保护，

未披露信息，工业品外观设计等具体小节。我国参与的知识产权规则存在不少新特点，比如强调与社会公共利益的平衡，如 RCEP 对遗传资源、民间文化的重视，对公共健康问题的重视；强调推动《试听表演北京条约》，如中瑞 FTA；强调实用新型保护，承认"声音商标"，如中韩 FTA。

（一）发达国家知识产权规则与我国的比较

我国与发达国家力推的知识产权规则之间存在一定差异。一是知识产权章节的系统性不同。目前我国签订的 FTA 中对知识产权问题论述最多的是中韩 FTA，但一方面，相关论述的系统性并未有效传承到中格等新 FTA 中并加以完善；另一方面，我国知识产权条款总体上仍待完善，比如中韩 FTA 未专门设置地理标志小节，除中澳 FTA 外，其他 FTA 未设置国民待遇条款，中瑞 FTA 之后未再强调《北京条约》。

二是从传统领域看，发达国家高标准 FTA 与我国知识产权保护程度存在差异。在版权、商标、专利等方面，发达国家保护力度有所加大，明显延长保护期，扩大保护客体范围，并突出强调数字条件下的知识产权保护。尤其是医药方面，发达国家保护程度尤高，与我国存在差异。

三是从新增领域看，发达国家与我国知识产权保护领域侧重点不同。近年来，发达国家不断扩展可授专利的客体范围，包括气味商标、域名、国名、试验数据、生物试剂等，以 RCEP 为代表的 FTA 则拓展了在遗传资源等方面的保护。中西之间侧重点有所不同。

四是从执法力度看，发达国家高标准 FTA 与我国知识产权保护的严格程度、操作性存在差异。高标准 FTA 对知识产权民事侵权标准和救济提出了明确的规定，涵盖具体的救济方式、赔偿数额的计算、诉讼费用的承担、侵权工具与货物的处理、法定赔偿，同时普遍实行赔偿制度；临时措施和边境措施更严格，执法范围进一步扩大。

（二）高标准知识产权规则对我国影响

综上，美欧推动的新一轮知识产权保护规则演变对我国影响利弊兼有。

积极方面有二：一是国际知识产权保护规则的提高与我国发展方向是一致的，在 WTO 改革及 FTA 谈判中进一步提高知识产权保护水平有利于我国强化自主创新能力，更好实施创新驱动发展战略；二是从长远看，随着我国成为创新大国和知识产权投入大国，加强知识产权保护对我国"走出去"开展国际经贸投资合作形成有效支撑。

消极方面有二：一是发达国家在部分领域过度提高知识产权保护标准显然意在维护垄断地位和高额垄断利润，如医药数据保护等，这对发展中国家的利益构成威胁；二是美欧力推的过度的知识产权保护对全球创新活动开展构成阻碍，对发达国家向发展中国家的正常技术贸易和技术交流合作构成障碍，对发展中国家实现技术赶超产生不利影响。尤其是如果美式的"强制技术转让""知识产权盗窃问题"等被纳入 WTO 通行规则，美欧等发达经济体则很可能将这一规则加以滥用，其现实危害性不容忽视。

（三）应对思路和对策建议

面对美欧力推知识产权规则对我国的影响和挑战，我国宜坚持一分为二和"有所为有所不为"的态度，采取"积极对标、争取引领、坚守底线"三大对策。

一是积极对标顺应世界经济、科学技术和全球化发展方向的新规则，加强知识产权保护力度，推动制度型开放，为推动创新驱动战略和参与全球技术合作提供有力规则基础。

二是争取在我国拥有优势的知识产权领域形成规则制定引领力。积极参与国际知识产权规则谈判，在数字技术、高端工业等我国优势领域，争取提升规则引领力和议题创设权，形成部分具有中国特色的规则、标准和规制，为我国进一步开展科技领域的国际竞争与合作提供抓手。推动将国际技术规则纳入《与贸易有关的投资措施协议》《与贸易有关的知识产权协定》谈判，一揽子解决。

三是在医药等明显有利于发达国家和大型跨国公司利益、损害发展中国家与全球消费者利益的领域，应避免知识产权保护标准的过快提高，切实维护我国及其他发展中国家发展利益。团结广大发展中国家，推动发达国家及国际大型跨国公司在技术转让方面承担应有义务。

第六节　电子商务和数字贸易

电子商务和数字贸易是当前国际经贸规则重构的热点领域。然而，关于电子商务和数字贸易的内涵，至今仍无共识。目前看，根据内涵丰富程度的不同，国际上关于电子商务与数字贸易的定义主要包括三种类型。一是电子商务型定义。该定义将电子商务视为以电子方式（计算机网络）生产、分销、营销或交付货物和服务的过程，是在 2012 年前WTO 及各国普遍采取的定义。二是狭义型定义。该定义是 2013 年美国提出的，将数字贸易视为以数字化手段传输的贸易活动，该定义将在线订购的实体或物理货物贸易排除在外，内涵范围较窄。三是广义型定义。该定义将数字贸易拓展为包括以下三个方面的内容：一是电子商务相关的货物贸易；二是数字化产品和服务；三是实现全球价值链的数据流、实现智能制造的服务以及相关平台和应用。

本研究采取最广义的电子商务和数字贸易定义，将电子商务、数字贸易、电子商务和数字贸易视为同义语。本章认为，数字贸易的标的包括三类。（1）在电子商务、跨境电商上交易的传统实体货物，如电子产品、服装鞋帽、生活日用等。（2）数字产品与服务。其中，数字产品是指通过数字编码方式传播、独立于物理载体的产品，包括软件、视频、音乐、游戏等。数字服务是指通过数字化方式提供的服务，包括信号、文字、图像等信息的传输服务，视听内容的广播服务，电子化网络实现的服务等。（3）数据要素贸易及相关平台和数字基础设施建设，主要包括：实现全球价值链的数据流、实现智能制造的服务以及相关平台和应用，通信设备、工业互联网设备等为代表的数字贸易基础设施建设（见表5-13）。

表5-13 电子商务和数字贸易定义

定义	具体内涵	电子商务和数字贸易定义
电子商务型定义	1998—2012年前后，美欧等发达国家及全球各国普遍采用"电子商务"概念作为数字贸易的定义。WTO1998年第二次部长会议设立电子商务工作计划，首次提出"电子商务概念"	电子商务是利用电子方式（计算机网络）生产、分销、营销或交付货物和服务的过程
狭义型定义（数字产品与服务贸易式定义）	2013年7月美国国际贸易委员会（USITC）《美国与全球经济中的数字贸易》首次提出"数字贸易"概念	数字贸易是通过互联网和数字技术手段，传输产品和服务的国内商务和国际贸易活动，包括4个方面的内容。（1）数字化交付内容，如音乐、游戏。（2）社交媒体，如社交网络网站、用户评价网站等。（3）搜索引擎。（4）软件服务、在云端交付的数据服务等其他数字化产品和服务。该定义是狭义型数字贸易概念，将在线订购商品等商业活动中的物理或实体商品贸易排除在外。其实质是将数字贸易窄化为通过数字化方式传输的贸易，与数字技术相关的实体贸易不在其中。该定义与现实脱节，很快被取代
广义型定义	2014年，USITC在《美国和全球经济中的数字贸易》第二次报告中完善了2013年的数字贸易定义	数字贸易是互联网以及基于互联网的技术在产品和服务的订购、生产、交付中扮演重要角色的国内和国际贸易。其中，数字贸易包括七大行业：（1）内容行业，如出版、电影、广播和新闻等；（2）数字通信行业，包括数据处理及相关服务、互联网出版及搜索引擎服务；（3）金融和保险行业；（4）制造业，包括化工、印刷、工业机械、金属加工机械、发动机、计算机和电子产品等；（5）零售交易，包括汽车及零部件、家具、电子产品和家电、服装等；（6）批发交易，指通过B2B电子市场进行的汽车及零件、计算机、电气设备和服装分销；（7）其他服务业，包括会计、建筑、工程技术、平面设计、计算机编程等。另外，将物联网和3D打印也称为所谓数字贸易的形式。 与2013年定义相比，不仅包括数字化产品和服务，也包括实体的商品贸易。内涵有所扩展，包括：（1）电子商务相关的货物贸易；（2）数字化产品和服务

定义	具体内涵	电子商务和数字贸易定义
广义型定义	2017 年美国贸易代表办公室（USTR）《数字贸易的主要障碍》	数字贸易应是一个广泛的概念，不仅包括个人消费品在互联网上的销售以及在线服务的提供，还包括实现全球价值链的数据流、实现智能制造的服务以及无数其他平台和应用。 较 2014 年定义进一步拓展，其内涵包括：（1）电子商务相关的货物贸易；（2）数字化产品和服务；（3）实现全球价值链的数据流、实现智能制造的服务以及相关平台和应用

资料来源：根据相关材料整理。

一、电子商务和数字贸易的规则演进

从规则演进历程看，电子商务和数字贸易规则从 20 世纪 90 年代以来经历了以下四个阶段：

一是 20 世纪 90 年代电信规则的形成。该阶段信息通信技术（ICT）和网络技术开始起步，电信市场垄断、割据和反竞争问题成为主要监管目标。该阶段达成了《服务贸易总协定》（GATS）、《电信附件》、《电信管制参考文件》、《基础电信协议》，为解决上述问题提供了基本的规则条件。

二是 20 世纪前 10 年电信规则的深化。这一时期，世界各国推动电信市场对私有资本开放，垄断问题得到缓和，宽带基础设施的重要性不断提升，宽带接入市场竞争性提高。该阶段，美国等主导的 FTA 都引入单独的电信章节，并在 WTO 基础上引入网络元素非捆绑、号码可携带等条款以适应监管的新要求。

三是 2010—2015 年电子商务规则的形成与发展。互联网技术发展使互联网业务可脱离底层网络，开展独立运营，各类互联网公司越过运营商（OTT）迅速发展，开展基于开放互联网的各种视频及数据服务业务，线上线下业务结合更加紧密，云计算蓬勃发展。此时，隐私保护、消费者权益保护以及跨境数据流动、数据（设施）本地化成为互联网监管的重要议题，美国等在 FTA 中设立电子商务或数字贸易章节，推动数字贸易规则向前发展。

四是 2016 年以来数字贸易规则的发展和深化。2016 年美国贸易代表处成立数字贸易工作组，旨在消除数字贸易领域的壁垒和阻碍，推动制定数字贸易领域的国际规则。2017 年 12 月，WTO 的 71 个成员在布宜诺斯艾利斯发布《关于电子商务的联合声明》，宣布将推动 WTO 就电子商务相关议题进行谈判。2019 年 1 月 25 日，中国、欧盟等 76 个 WTO 成员在 WTO 电子商务非正式部长级会议上签署了《关于电子商务的联合声明》，确认在 WTO 现有协定和框架的基础上，启动与贸易有关的电子商务议题谈判，重点围绕六大主题：启用电子商务、开放性和电子商务、信任与电子商务、跨领域问题、电信以及市场准入。2021 年 7 月，有报道称美国正在研究起草环太平洋数字贸易协议，为电子支付、数字签名、数据跨境流动、知识产权保护和隐私保护等制定统一规则。可能参与国包括日本、加拿大、智利、澳大利亚和新加坡等，以对抗中国的影响力。

二、重点议题情况

从议题情况看，WTO 中并没有专门的电子商务规则，近年来，电子商务和数字贸易领域新议题不断出现（见表 5–14）。2010 年之前，重点议题集中在电子传输免征关税、电子签名和认证、无纸化贸易等"便利化"领域，2010 年之后尤其是 2016 年之后，电子商务和数字贸易领域的核心议题转向数据流动的"自由化"领域，主要包括：隐私保护、网络中立、消费者权益保护、限制跨境数据流动、要求计算设施本地化、各国隐私保护标准的差异性等。目前，影响未来数字贸易领域规则走向且各国存在明显分歧的重点议题主要包括：数据跨境流动及数据（设施）本地化，数字税收，接入和使用互联网，数字知识产权保护和源代码，云计算的分类和准入，跨境电商便利化等六个方面，本研究对此进行重点分析。

表 5-14　全球典型多双边协定中关于电子商务规则的采用情况

序号	国别 / 协定名称 / 生效年份	WTO	美国		欧盟		中国		多边		
			美澳FTA	美韩FTA	CETA	欧韩FTA	中韩FTA	中澳FTA	TISA[1]	TTIP-EU[2]	TPP
		1998	2005	2012	2016年签署	2011	2015	2015	谈判中	谈判中	搁置
1	免征关税	√	√	√	√	√	√	√	√	√	√
2	数字产品的非歧视待遇	×	√	√	×	×	×	×	×	×	√
3	电子签名和电子认证	×	√	√	×	×	√	√	×	×	√
4	无纸化贸易	×	√	√	×	×	√	√	×	×	√
5	在线用户保护	×	√	√	×	×	×	×	×	×	√
6	个人数据保护	×	×	×	√	√	√	√	×	×	√
7	国内管制	×	×	×	×	×	×	×	×	×	√
8	合作 / 对话	×	×	×	×	×	×	×	×	×	√
9	开放网络	×	×	√	×	×	×	×	×	×	√
10	跨境数据流动	×	×	√	×	×	×	×	×	×	√
11	计算设施本地化	×	×	×	×	×	×	×	×	×	√
12	非应邀商业电子信息	×	×	×	×	×	×	×	√	√	√
13	互联网互联费用分摊	×	×	×	×	×	×	×	×	×	√
14	安全合作	×	×	×	×	×	×	×	×	×	√
15	源代码	×	×	×	×	×	×	×	√	×	√
16	无事前授权要求	×	×	×	×	×	×	×	×	√	√

资料来源：根据相关文献（中国信息通信研究院互联网法律研究中心，2019）整理。

注：1. 根据维基解密中发布的 2015 年 10 月版本。

2. 欧盟 2015 年 7 月在 TTIP 电子商务章节的提案，美国部分提案目前不可获得。

（一）数据跨境流动及数据（设施）本地化

跨境数据自由流动是数字贸易发展的客观需要。但随着近年来数据流动规模扩大，关于隐私保护、数据主权、数据安全问题不断出现，很多国家开始重视跨境数据自由流动的潜在不良后果，该问题成为各国争议的焦点。同时，大数据、云计算、人工智能、区块链等新技术蓬勃发展，大大降低了数据存储的地理约束，数据采集、传输、存储、处理等过去在地理上重合不可分割的环节现在可以分散在不同国家中进行，数据（设施）本地化成为重要议题。其中，数据本地化离不开数据设施本地化，而数据设施本地化却不必然导致禁止数据跨境流动。目前，国际争论的焦点主要是数据本地化。

美国积极推动跨境数据自由流动，明确反对数字存储本地化，以维护美国企业和消费者利益。在 WTO 电子商务谈判中，美国的核心主张是推动跨境数据自由流动和禁止数据本地化。美国将俄罗斯等采取的限制跨境数据自由流动和推动数据本地化的措施视为数字贸易壁垒。2017 年，美国发布《促进数字贸易的基本要素》报告，主张数据传输永久免税，推动网络开放，促进跨境数据自由流动。CPTPP 规定缔约国不得以强制使用本国境内的存储设施作为准入、准营的条件，意味着供应商无须在其每一个服务市场设置数据中心；但同时对数据本地化存储设定了例外条款，承认各国有制定自己监管规则的权力以保障通信的安全和保密的需求，允许当"自由存储"与实现合理公共政策目标相冲突时，强制指定存储位置，前提是采取的措施不对贸易构成明显超过必要程度的限制。而 USMCA 更为严格，删除了缔约方可以公共政策为理由强制要求设备本地化的例外条款。

欧盟对跨境数据自由流动方面主张与美国接近，都反对数据本地化，但二者之间也存在差异，即欧盟对跨境数据流动的负面影响更为审慎，对个人隐私和国家安全的重视程度更高。欧盟主张，跨境数据自由流动的前提是确保数据得到有效监管，要求跨境数据在境内存储，只有非欧盟国家对数据监管和保护达到条件后才向其传输。2017 年，欧盟通过

《数字贸易战略》文件，强调保护个人隐私，反对数字贸易保护，禁止强制要求数据本地化。

俄罗斯、中国等在跨境数据自由流动和数据本地化方面对安全的考虑则相对更多。2020 年 9 月，我国发布《全球数据安全倡议》，本着保护数据安全、促进数字经济发展、构建网络空间命运共同体的目标，提出了八条倡议，具体如下：（1）各国应以事实为依据全面客观看待数据安全问题，积极维护全球信息技术产品和服务的供应链开放、安全、稳定。（2）各国反对利用信息技术破坏他国关键基础设施或窃取重要数据，以及利用其从事危害他国国家安全和社会公共利益的行为。（3）各国承诺采取措施防范、制止利用网络侵害个人信息的行为，反对滥用信息技术从事针对他国的大规模监控、非法采集他国公民个人信息。（4）各国应要求企业严格遵守所在国法律，不得要求本国企业将境外产生、获取的数据存储在境内。（5）各国应尊重他国主权、司法管辖权和对数据的安全管理权，未经他国法律允许不得直接向企业或个人调取位于他国的数据。（6）各国如因打击犯罪等执法需要跨境调取数据，应通过司法协助渠道或其他相关多双边协议解决。国家间缔结跨境调取数据双边协议，不得侵犯第三国司法主权和数据安全。（7）信息技术产品和服务供应企业不得在产品和服务中设置后门，非法获取用户数据、控制或操纵用户系统和设备。（8）信息技术企业不得利用用户对产品的依赖性谋取不正当利益，强迫用户升级系统或更新换代。产品供应方承诺及时向合作伙伴及用户告知产品的安全缺陷或漏洞，并提出补救措施。

（二）数字税收

当前，确立数字贸易领域的税收规则已迫在眉睫，其主要问题包括两个方面：一是电子传输的数字产品的税收问题；二是跨国科技公司的数字税问题。

在电子传输关税方面，1998 年，美国推动 WTO 第二次部长会议通过《全球电子商务宣言》，宣布对电子传输产品暂时性免征关税。目前，美国坚持对电子传输的数字产品永久性免征关税。美国与日韩双边协议中规定对数字产品贸易免征关税。但欧盟对此表示异议。大部分发展中国家是数字产品的净进口国，更倾向于对数字产品征税。非洲集团强调电子传输的数字产品免关税的延期并非自动的。我国对此尚未明确表态。

在数字服务税方面，美国与欧盟等国立场尖锐对立。所谓数字服务税，是指以企业向本土用户提供数字化服务所获得的收入为课税对象的新税种。由于其起征点较高，因此从现实看，主要针对的是大型跨国互联网企业的跨国经营收入。开征该税种的目的有二：一是防止跨国数字企业转移利润，侵蚀本国税基；二是打击国外数字企业竞争力，培育本土产业发展。从课税对象范围大小看，目前存在三种类型：欧盟版本提案针对在线广告、在线中介、数据销售课税；英国、土耳其方案针对搜索引擎、社交媒体平台、在线市场课税；奥地利等方案只对在线广告收入课税。美国则强烈反对数字服务税，并以"301调查"、加征关税等方式进行反制。2021年10月，美国与英国、法国、意大利、西班牙和奥地利五国就"从现有数字服务税向新的多边解决方案过渡"达成一致，结束了数字税争端。欧洲国家暂时保留数字服务税，如果OECD牵头的全球税改计划在未来两年内生效，则对科技公司提供税收抵免。

（三）接入和使用互联网

发达国家支持消费者在满足网络管理要求的情况下自由接入互联网，自由使用任何网络服务。如CPTPP、USMCA等规定，在终端设备不损害网络公共安全的条件下，消费者可任意使用终端设备接入网络；在确保个人信息和个人隐私得到充分保障的同时，消费者可自由进入更为开放的互联网，促进电子商务发展。该条款与我国立场存在明显对立。我国《计算机信息网络国际联网管理暂行规定》明确规定，任何单位和个人不得自行建立或者使用其他信道进行国际联网，接入国际互联网有一定限制条件。

（四）数字知识产权保护和源代码

知识产权密集型数字产品是美国等发达国家数字产业国际竞争力的关键，发达国家对数字知识产权的关注程度不断提高。推动制定高标准数字知识产权规则，有利于确保发达国家的技术优势、垄断地位以及超额利润。同时，数字产品和服务的源代码、专用算法和商业秘密越来越成为企业核心竞争力和知识产权保护的重点对象，但从国家安全角度，又很有必要有效监管和掌握源代码。

美欧等发达国家在数字知识产权保护规则方面的立场比较一致。美国积极推动数字知识产权保护规则，并以 TPP 为起点进行深化。USMCA将"开放源代码禁令"扩充至适用于除大众市场软件之外的基础设施软件，把算法、密钥、商业秘密加入"开放禁令"列表，强化了互联网服务提供商在保护数字知识产权方面的责任。欧盟 2019 年 4 月修订的《数字版权指令》增加了"在线内容分享平台的特殊责任"和"链接税"等条款。

（五）云计算的分类和准入

美欧发达国家与发展中国家在云计算应该属于电信领域还是计算机相关服务领域的问题上存在分歧，其背后是关于云计算市场开放程度该如何把握的问题。因为在 WTO 业务分类中，计算机相关服务的开放程度远高于电信服务，如果云计算归为计算机相关服务，则 WTO 很多成员的云计算市场将大幅开放。

美国支持把云计算（数据存储、数据托管、数据处理）和数据库服务纳入计算机相关服务领域，意在推动作为数字贸易的基础设施的云计算市场扩大开放。我国等发展中国家提出，并非全部云计算组成部分都属于计算机相关服务，基于网络的云计算服务很多情况下属于电信服务，因此反对将云计算全部纳入计算机相关服务领域的主张。

（六）跨境电商便利化

与其他议题相比，在提升跨境电商便利化程度方面，各国的共识更多，普遍关注的议题包括：电子合同及电子传输、电子签名、电子支付、无纸化通关等。加快推动跨境电商便利化符合各国利益和国际贸易发展方向（见表5-15）。

表5-15　《美日数字贸易协定》（UJDTA）与TPP、USMCA及
日欧EPA数字贸易规则比较

内容	UJDTA	TPP（第14章电子商务）	USMCA（第19章数字贸易）	日欧EPA（第8章第F节电子商务）
不征收关税	·任何缔约方不得对缔约国之间的电子传输征收关税。（第7条） ·缔约方对数字产品和服务征税，需基于无差别待遇。（第6条）	·缔约方以电子方式传输（包括以电子方式传输的内容）不征收关税。（第14.3条）	·签约国不得对以电子方式传输的数字产品的进出口征收关税、费用或其他附加费用。（第19.3条）	·签约国不得对电子传输征收关税。（第8.72条）
无差别的待遇	·缔约国不得给予另一缔约国的数字产品比给予其他同类数字产品更不利的待遇。（第8条）	·缔约国不得给予（i）在另一缔约国的领土上创作、生产、出版、签约、委托等的数字产品，或（ii）作者、表演者、制作者、开发者或所有者是另一缔约国的人的数字产品比给予其他同类数字产品更不利的待遇。（第14.4条）	同TPP（第19.4条）	没有规定
跨越国界的电子信息迁移	·任何缔约国在为目标公司进行业务的情况下，除为公共政策的正当目的而采取的措施外，不得禁止或限制以电子方式跨境转移信息。（第11条）	·缔约方可以对以电子方式转让信息施加其自己的监管要求。 ·如果是为了目标公司开展业务，则缔约国应提供信息（包括个人信息）的电子手段的跨境转移。 ·不妨碍缔约国为实现公共政策的正当目的而采取不符合上述规定的措施。（第14.11条）	·如果是为了目标公司而进行的业务，则缔约国应提供信息（包括个人信息）的电子手段的跨境转移、不得禁止或者限制。 ·不妨碍缔约国为实现公共政策的正当目的而采取不符合上述规定的措施。（第19.11条）	·缔约方应重新评估在本协议生效之日起三年内将数据自由流通规定纳入本协议的必要性。（第8.81条）

内容	UJDTA	TPP（第 14 章 电子商务）	USMCA（第 19 章 数字贸易）	日欧 EPA（第 8 章 第 F 节 电子商务）
计算机有关联设备的本土化要求禁止	·任何缔约方都不应要求目标公司在其领土上使用或安装计算机相关设施作为在其领土上经营业务的条件。这同样适用于金融服务。（第 12 条）	·缔约国可根据其立法对计算机设备的使用提出要求。 ·缔约国不得要求目标公司在其领土上使用或安装计算机相关设施作为在其领土上开展业务的条件。 ·不妨碍缔约国为实现公共政策的正当目的而采取不符合上述规定的措施。（第 14.13 条）	·缔约国不得要求目标公司在其领土上使用或安装计算机相关设施作为在其领土上开展业务的条件。（第 19.12 条）	没有规定
源码公开要求禁止	·缔约国不得要求软件的源代码或算法转让等作为在本国进口或销售等的条件。监管机构和司法部门的措施有例外。（第 17 条）	·不应要求另一缔约国转让或访问该软件的源代码，作为在其领土上使用该软件或包含该软件的产品的条件。（第 14.17 条）	·不应要求转让或访问另一缔约国的人拥有的软件或包含该软件的产品的源代码或算法，作为在其领土上使用该软件的条件。（第 19.16 条）	·任一缔约国不得要求另一缔约国的人转让其所拥有的软件的源代码或访问该源代码。（第 8.73 条）
双向计算机服务提供者的免除责任	·关于 SNS 等双向计算机服务，规定在确定与信息分发等有关的损害责任时，不得采取或维持将提供者等视为信息传输主体的措施。（第 18 条）	没有规定	·当确定与通过双向计算机服务传输的信息相关的损害责任时，双向计算机服务的提供商或用户不应被视为信息内容提供商。（第 19.17 条）	没有规定
密码或密匙算法保护	·任何缔约国都不应要求制造商转让关于密码或密匙算法的信息，作为销售或进口使用通信技术产品的条件。（第 21 条）	没有规定	没有规定	没有规定
要求政府公开数据	·便利公众获取和适用政府信息有助于企业决策（第 20 条）	没有规定	统 UJDTA 内容（第 19.18 条）	没有规定

内容	UJDTA	TPP（第14章 电子商务）	USMCA（第19章 数字贸易）	日欧EPA（第8章第F节电子商务）
修订、生效和终止	·缔约方对协议的修订、生效和终止的具体时间和程序进行规定（第22条）	没有规定	没有规定	没有规定

资料来源：根据相关文献（刘宣杉，2021）整理。

三、数字贸易规则发展新动向对我国的影响与对策

目前我国采用的电子商务与数字贸易规则总体上比较基础，通常包括：关税税收、电子签名和电子认证、无纸化贸易、在线消费者保护、个人信息保护、国内监管框架、电子商务合作等条款。这反映出我国在电子商务和数字贸易规则方面还处于起步阶段，对美国等发达经济体所主导的高标准FTA数字贸易规则所涉较少，如数据跨境流动、计算设施本地化、源代码、接入和使用互联网等。比较而言，我国与美西方在数字贸易规则领域存在如下异同，因而对不同规则条款应差别对待、分类施策。

（1）在跨境电商便利化等数字便利化领域，我国与美欧发展方向总体一致。我国应采取如下推动措施。一是积极参与规则谈判，坚持发展导向，在跨境电子商务便利化、电子签名和电子认证、无纸化贸易、在线消费者权益保护等领域参与规则谈判和创设。二是加强对发展中成员特别是最不发达国家的技术援助与能力建设。三是结合跨境电商发展情况，提出符合中国企业发展诉求的新规则，如设置针对跨境电子商务的统一海关管理模式与具体税收管理标准，形成针对跨境电商相关产品的检验检疫国际规则和标准，设置跨境电子商务的通关便利化提升方案等。

（2）在数据跨境流动、数据本地化、数字知识产权保护和源代码、

消费者隐私和关键数据等数据自由化领域，美欧规则更为自由，对我国形成压力。我国在相关服务提供者在本地化数据存储、数据源代码提交监管部门等方面有明确的要求，与美欧所力主的相关商业信息的自由流动、禁止对商业信息跨境自由流动设立壁垒、不设服务器所处位置和源代码披露等前置条件等要求存在较大差异。监管模式上也存在事中事后监管与事前核准模式的差异。

为此，我国应采取如下对策。一是稳步推进规则谈判。统筹数字经济发展与安全，在扎紧安全篱笆的基础上有序对标数据跨境流动等规则。推动制定发展合作条款，加强对发展中成员特别是最不发达国家的技术援助能力建设。二是加强数字领域安全能力建设。尊重成员监管权利与发展中成员现实关切，加强对我国关键数据、消费者隐私等资源的保护力度，提升跨境数据传输方面的监管能力，在技术进步、数据流动、商业发展等开放发展目标与各国网络主权、数据安全、隐私保护等公共政策目标之间实现平衡。在谈判中争取最有利于我国发展利益的制度型开放模式。

（3）在云计算分类、数字税收等领域，我国与美西方的差异本质上是各国数字市场开放程度与跨国企业利益归属之争，我国应坚持电信属性分类标准和符合我国国情与发展中国家利益的数字税收立场，在谈判中更好维护我国利益。

（4）在互联网接入等涉及意识形态安全方面，美欧强调的接入立场与我国立场对立，我国需坚守底线、维护国家安全，切实保证我国网络主权。

第六章　国际经贸规则重构的基本态势与未来走势

第一节　国际经贸规则向边境后延伸，"三零"规则等高标准规则不断推广

当前，在美国、欧洲等推动下，国际经贸规则从边境规则加速向边境后规则发展和延伸。这一趋势最具代表性的例子就是近年来发达国家签署的三大高标准大型区域贸易协定：CPTPP、欧日 EPA 和 USMCA。这些 FTA 开辟了知识产权、国有企业、竞争政策、中小企业等一系列边境后议题。在这些新议题领域，发达国家具有重要先发优势、竞争力优势和制度性话语权，对发展中国家的压力不断加大。可以说，引领和推动边境后议题发展是当前国际经贸规则竞争的关键内容和主要博弈焦点。

从发展态势看，国际贸易投资规则越来越具有高标准、广覆盖的特点。从高标准看，CPTPP、欧日 EPA 和 USMCA 等规则越来越向零关税、零壁垒、零补贴的"三零"标准看齐。其中，CPTPP 和欧日 EPA 实现了 95%—99% 的产品零关税，在农产品、汽车等领域开放力度更大。USMCA 协定扩大了汽车、乳制品等领域开放力度，规定如果 75% 的汽

车零部件在美国、加拿大、墨西哥制造，那么汽车制造商就可以享受零关税，并且规定加拿大放宽对乳制品市场的限制，允许美国农民出口价值约 5.6 亿美元的乳制品。从广覆盖看，CPTPP、欧日 EPA 和 USMCA 等 FTA 不仅包括了传统上 WTO 规则所涉及的货物贸易、服务贸易等范围，而且将国有企业、环境、劳工、中小企业、监管、透明度、竞争政策、补贴等议题纳入体系。这些新领域的开辟，不仅反映了经济全球化和国际产业链价值链供应链分工的最新态势与要求，而且符合发达国家利用自身优势加大对发展中国家遏制的诉求。在这些因素的共同影响下，国际经贸规则不断从削减关税等边境措施向各个国内政策和制度领域迈进。

第二节 南北矛盾更加突出，规则博弈更趋"零和化"

当前，WTO 改革成为各国博弈的重要焦点，南北矛盾不断加剧。从力量对比看，新兴经济体和发展中国家的群体性崛起对 WTO 改革产生了重要影响，更好维护发展中国家权益的呼声越来越强烈。2008 年国际金融危机爆发以来，世界经济长期疲弱态势明显，发达国家经济增长和就业压力尤其严峻，力图通过新一轮 WTO 改革和规则谈判来重新获得发展优势成为发达国家的普遍意愿。其突出表现就是美国等围绕发展中国家与发达国家的划分及"特殊与差别待遇"问题反复施压，意在缩小发展中国家的国别范围，降低发展中国家的优惠待遇。发达国家和发展中国家的利益分化和观点对立更为严重。

在国际经贸合作领域，保护与开放的国别格局发生"南—北"易势。2020 年以来，发展中国家成为拉动全球自由开放的主力。2020 年初至 2021 年 3 月 20 日，巴西、阿根廷、印度、巴基斯坦包揽全球自由便利政策的前四位，前十名中发达国家仅美占据一席，与 2009—2019 年英、德、奥、西、荷、卢的六席形成鲜明对比。发达国家成为保护主义的主力，其中，美、英、德、法包揽全球贸易限制政策的前四位，发达国家在保护主义前十名中占据七位，而 2009—2019 年间发达国家在前四名中仅占二位、在前十名中仅占五位。"发达国家保守化""发展中国家开放化"两个趋势并行。另外，在国内补贴方面，2020 年 1—10 月 G20 成员中补贴政策数量前六名为美、意、加、英、德、日等发达国家，发展中国家的补贴普遍较少。这一现象从一个侧面反映出美西方发达国家的真实意图，即通过在国际经贸秩序领域重新洗牌来削弱发展中国家的竞争优势，更好维护自身利益。

从未来看，围绕 WTO 改革和国际经贸规则重构，发达国家与发展中国家的博弈将持续开展，双方在部分议题上的斗争或进入白热化阶段。只有通过谈判妥善解决南北矛盾，国际经贸规则重构才能摆脱零和化风险，向着互利共赢的方向迈进。

第三节　发展模式差异更趋明显，围绕制度和意识形态的规则博弈日渐激烈

2008 年国际金融危机爆发以来，美西方国家对我国发展模式的打压不断加剧，主要表现在如下几个方面：一是以"市场导向条件"为借口，加强在国有企业、补贴政策、知识产权保护等议题上对我国的打压。美西方国家不断推动国有企业认定范围扩大、补贴标准趋严、知识产权保护标准提高，其重要意图在于对事关我国宏观经济运行的国有企业、产业政策、技术贸易等领域开展全面打压和保护主义制裁，背离了 WTO 促进贸易和发展的宗旨，发展模式之争的意图愈发明显。

二是将人权等意识形态问题与经贸问题直接挂钩。近年来，人权问题越来越成为保护主义的重要借口。2016 年 12 月，美欧日在我国"入世"15 年过渡期结束后拒不承认我国市场经济地位，并于 2017 年以来连续发表七轮联合声明攻击我国发展模式。同时，大做"涉港""涉疆""涉藏"问题文章。2021 年 1 月 13 日，美国海关和边境保护局（CBP）以所谓维吾尔"强迫劳动"问题为由，对来自新疆的棉花、番茄产品实施进口禁令。2021 年 3 月 1 日，美国贸易代表办公室（USTR）向国会提交了美国总统拜登的《2021 年贸易议程》，把解决中国新疆等地所谓"强迫劳动"和侵犯人权问题列为首要任务。

三是利用区域自贸协定等形式搞封闭化规则。最典型代表是美加墨协议中的"毒丸条款"，该条款将加剧贸易规则的圈层化、破碎化，其负面影响不容忽视。

在这些因素的推动下，发展模式之争越来越成为国际经贸规则重构过程中绕不开的关键问题。只有超越西方中心论和西方式现代化道路唯一论的狭隘认识，才能真正贯彻开放繁荣的发展导向，实现国际经贸秩序的优化和改善。

第四节　区域主义与多边主义张力增大，国际经贸规则碎片化、圈层化、排他性程度有所提升

2014 年 12 月，习近平总书记在第十八届中共中央政治局第十九次集体学习时指出："多边贸易体制和区域贸易安排一直是驱动经济全球化向前发展的两个轮子。"从历史规律看，多边贸易体制停滞不前、阻力加大、分歧增多的时期，往往也是区域性贸易安排蓬勃发展的时期，二者的发展轨迹具有很强的互补性和耦合性。当前，WTO 多哈回合谈判举步

维艰，国际多边贸易体制的有效性和权威性有所降低，区域主义浪潮迅猛发展。以 TPP/CPTPP、USMCA、欧日 EPA 为代表的高标准大型自贸协定相继出台，掀起区域主义第四轮浪潮。

在这一大趋势下，区域主义与多边主义张力增大，国际经贸规则碎片化、圈层化、排他性程度有所提升，这一变化带有趋势性特征。对发达经济体而言，WTO 的现有规则越来越不能适应其利益诉求，推行小圈子的合作模式更有利于其发挥在经济、产业、科技以及国际政治等领域的优势。通过推动以多个双边和区域性谈判取代多边谈判，发达国家能够充分运用其规则制定能力和话语权，使谈判对手方处于天然劣势，从而更好服务于其自身利益。因此，区域性 FTA 越来越成为发达国家的首选，无论是 CPTPP，还是 USMCA，都是区域 FTA 的运用。

未来，多边主义与区域主义趋势在国际经贸规则重构中的竞争将进一步加剧。一方面，WTO 改革正在成为各国博弈和规则重构的主战场。美国、欧盟、加拿大、最不发达国家等纷纷提出 WTO 改革方案，围绕上诉机构、透明度、发展中国家地位、数字贸易、知识产权等焦点议题的博弈持续开展。另一方面，在多边场合改革推动难度较大、利益分歧较多的情况下，美西方国家将进一步从区域和双边层面发力，试图争夺规则重构的主导力，新兴经济体和发展中国家为避免在新一轮国际经贸规则重构中被边缘化，以及从自身利益出发扩大开放合作，也积极参与高标准自贸区建设。未来，大型区域性 FTA 在国际贸易投资合作中将发挥更大作用，国际经贸规则碎片化、圈层化、排他性程度将趋于提升。

第七章 应对百年未有之大变局下经贸规则重构的总体部署与政策建议

第一节 分类施策，应对百年未有之大变局下经贸规则重构的总体部署

通过与我国制度型开放要求的比较发现，新一轮国际经贸规则重构主要可分为五种类型：方向一致型、客观差异型、利益之争型、模式之争型、安全风险之争型。不同类型规则与我国发展方向关系不同，对我国制度型开放的影响各异，必须分类施策，采取差异化的方式应对不同类型的规则重构。

一、对方向一致型规则，宜加强对标、助力制度性开放

在前文所述六大领域议题中，除发展中国家地位、市场导向条件等个别条款外，其他议题均不同程度存在与我国制度型开放总体方向的一致之处。

在国有企业方面：一是竞争中性原则与我国推动国有企业改革方向一致。我国可参考竞争中性的原则，加快推动国有企业改革；二是竞争

政策的基础性地位与我国国有企业和产业政策发展方向相一致，对我国改革具有借鉴和促进作用。尤其是竞争政策规则，我国可加强对标，以优化国内市场环境，改善企业竞争条件。

在补贴方面：对补贴规则的重构和提升客观上有助于我国优化补贴政策，改善补贴方式，提升补贴手段，精准选择补贴对象和领域，加大对基础性、公益性研究等的补贴力度，避免不符合 WTO 规则的不当补贴对市场竞争的干扰。

在知识产权保护和强制技术转让方面：一是完善知识产权保护规则，进一步提高我国知识产权保护力度和水平，提升科技创新能力；二是进一步"走出去"开展境外投资和国际产能合作、技术合作，扩大市场开放、吸引和利用外资以及推动对外投资。

在数字贸易方面：一是推动电子签名和电子认证、无纸化贸易等跨境电商便利化规则，更好依托国际规则，发挥跨境电商优势，促进对外贸易新业态茁壮发展；二是推动数据跨境流动等数字贸易规则现代化，加强建设数字中国，开展国际数字合作。

对于此类议题，我国应将其作为制度型开放的重点方向，推动对标国际相关领域规则，推动我国制度型开放扎实向前推进。

二、对客观差异型规则，宜长远谋划、创造条件、稳步接轨，但不可急于求成

此类规则差异主要来自中西方发展阶段、经济结构、管理能力及对高标准条款的承受力不同等客观因素。从议题分布看，主要集中在知识产权保护、数字贸易两类议题上。在知识产权保护和强制技术转让方面：一是发达国家对版权、商标、专利等传统知识产权领域的保护程度更高、保护期更长；二是发达国家知识产权保护的新领域更广，如包括气味商标、域名、国名、试验数据、生物试剂等；三是发达国家知识产权保护

的执法力度更严、操作性更强。在数字贸易方面：一是美国等在数据跨境流动与禁止数据本地化方面要求更高，更加强调数字流动自由化；二是美西方国家在数字知识产权保护和源代码保护方面要求更严；三是欧盟等对消费者隐私数据保护的标准更高。

此类差异，虽然有利益之争等因素杂糅其中，但不能忽视它们在一定程度上来自发展阶段差异等客观原因。采用发展的眼光看，这些差异是在发展的一定阶段上产生的，也将随着我国发展水平的提高而趋于减少。从长远看，此类规则与我国未来的总体利益存在一致之处；不少内容与我国制度型开放的未来方向相契合，有步骤地对标国际规则客观上符合我国利益；随着发展水平的提高，我国存在向这些高标准规则一步步对接的现实条件和客观需求。因此，对于此类差异，不能全盘据斥，也不宜一揽子接受，而是应该采取一分为二的态度。从短期看：受发展水平、阶段和结构性特征等因素影响，完全采用国际高标准规则对我国构成压力，应当有步骤、分领域推动与国际规则接轨，并且设置缓冲期与豁免条件。长期看：要长远打算、妥善谋划，安排好对接高标准规则的路线图、时间表。

三、对利益之争型规则，宜在谈判中达成一致

在国际经贸规则领域，中西方在利益之争型规则方面的立场差异产生于双方围绕贸易与发展问题所展开的利益分配角逐，其争夺对象包括：市场开放度，企业税收及利润归属，企业国际竞争力，关税、反倾销反补贴等领域享受的优惠政策和规则程度，等等。利益之争是国际经贸规则谈判的传统主题，六大议题均有涉及。

在发展中国家地位方面：一是美西方推动修改发达国家—发展中国家二分法，意在将我国排除在发展中国家之外，以终止我国享受的特殊与差别待遇，并增加相关国际责任；二是收紧特殊与差别待遇标准，意

在降低发展中国家对相关优惠待遇的使用能力，在关税、反倾销反补贴方面做出更大让步。

在市场导向条件方面：一是美西方主张的"市场导向条件"规则意在为反倾销中的替代国做法提供理论支撑，加大在产能过剩等问题上对我国的遏制。二是"市场扭曲"规则回避了美西方本应承认的中国市场经济地位问题，在反倾销反补贴等领域继续使用替代国做法，以削弱我国竞争优势。

在国有企业方面：一是非商业援助规则不仅拓展了补贴的主体，而且在 USMCA 等协定中扩张了 SCM 关于非商业援助的三种形式，意在强化对我国国有企业所获补贴的监管，限制我国等国有企业的国际竞争力；二是透明度规则方面，进一步提高信息披露标准，强化披露义务，意在加重国有企业的信息通报负担，对国有企业进行更为全面的监控。

在补贴方面：一是美西方推动将无限担保、资不抵债、产能过剩行业等扩入禁止性补贴范围；二是将补贴的认定范围从财政领域扩展到针对国有银行贷款、政府基金、债转股等问题的金融领域；三是增加举证责任倒置机制，提高美西方发起反补贴措施的主观随意性和频率，加大我国应诉压力；四是将"产能过剩"纳入"严重损害"的范围，使之成为美西方国家反补贴的打击对象；五是提高透明度和增加反向通报惩罚。这些新规则议题意在加大对我国采取反补贴措施的范围、打击力度和主观随意性，将反补贴措施打造为对我国实施保护主义的更有效的手段，以维护本国企业和贸易利益，迫使我国做出更大让步。

在知识产权和强制技术转让方面：一是美西方对医药数据等知识产权保护力度显著提高，如设置 10 年的生物药品试验数据保护期；意在维护发达国家和大型药企等国际企业的利益；二是美西方对强制技术转让的定义更宽泛，且只强调完善禁止技术转让的规则，不强调设置促进技术有序转让的规则；只强调约束政府干涉技术转让的规则，不强调增加限制跨国公司过度技术垄断的规则；其目的是加大对我国科技封锁，维护发达国家高科技企业垄断地位和高额垄断利润。

在数字贸易方面：一是美西方将云计算分类归为计算机相关服务类别而非我方坚持的电信类别，意在迫使我国在云计算领域开放更大市场份额，因为就市场开放度而言，计算机相关服务明显高于电信领域；二是美国主张对"电子传输"的数字产品永久性免征关税，降低数字服务税负担，意在维护美国大型数字跨国企业高额利润。

此类规则差异的核心在于利益之争。通过力推新规则，美西方国家迫使我国开放更大市场，采取更多反倾销反补贴等保护手段使我国让渡更多贸易利益，更好维护发达国家及其跨国公司利益。从对我国的影响看，此类差异对我国利益的影响是直接的，但又是具体的，在合理的政策举措下是可控的。对于此类议题，我国应采取务实灵活的态度，既要坚定维护国家利益，坚持寸土必争、颗粒归仓，又要坚持灵活机动的斗争策略，不将该领域规则之争的影响过度扩大拔高，不把谈判的大门堵死，而是实事求是、就事论事，最终靠谈判和双方互相妥协解决问题，争取达成对我国负面影响最小、促进作用最大、最为有利的经贸规则。

四、对模式之争型规则，应坚持求同存异、各美其美，推动不同发展模式经济体在全球贸易新秩序中和谐共生

此类规则差异来自中西方不同的经济发展模式和现代化道路。习近平总书记指出，现代化道路并没有固定模式，适合自己的才是最好的，不能削足适履，每个国家自主探索符合本国国情的现代化道路的努力都应该受到尊重。目前，围绕此类规则的争论很大程度上来自中国特色社会主义模式与西方新自由主义发展模式的差异，这一差异在市场导向条件、国有企业、补贴等议题上表现得非常明显。

在市场导向条件方面：一是美西方批评所谓非市场政策，单方面

提出"市场导向条件"的标准，直指我国发展模式与经济制度；二是将"市场导向条件"与国有企业、补贴、产能过剩等议题相联系，对我国捆绑施压；三是在区域 FTA 中引入"毒丸条款"，推动 FTA 封闭化、圈层化。

在国有企业方面：一是美西方采取"政府控制说"来界定国有企业，反对我国"政府职能说"，意在扩大对国有企业的限制范围；二是主张商业考虑原则，限制国有企业社会功能的发挥。

在补贴方面：将国有企业列为公共机构，扩大对我国反补贴措施打击面。

此类规则议题的争论直指我国社会主义基本经济制度，如国有企业和国有经济的作用、产业政策、宏观调控、利率市场化改革等。其影响带有全局性、制度性和系统性的特点，一旦贸然在这些方面做出让步，将对国民经济体系构成系统性和基础性影响。因此，对于这些领域的规则谈判和对接，应保持足够的谨慎，高举发展旗帜，坚持求同存异，不能削足适履，实现全球经贸体系中不同发展模式之间美美与共、和谐共生。

五、对安全风险之争型规则，须坚决维护我国主权和安全

此类规则差异来自国家安全的对立，主要包括如下方面：

在发展中国家地位方面：美西方通过重置"发达国家"标准，意在取消我国发展中国家地位与相应的"特殊与差别待遇"。该做法除损害我国贸易利益之外，直指我国"发展中国家是基础"的外交布局，恐削弱我国在发展中世界的影响力。

在市场导向条件和国有企业方面：炒作所谓"国家资本主义"问题，打压我国发展模式。

在数字贸易方面：一是主张互联网自由接入，挑战我国数字主权和

安全；二是推动数据流动自由化，威胁我国关键数据安全。

此类规则差异的影响已经超过经济和贸易层面，而是带有安全影响。对此，要从安全角度来认识这一差异，在关键问题上坚守底线，坚决维护我国主权与安全，见表7-1。

表7-1　国际经贸规则重构主要领域与我国立场比较

议题	方向一致型规则	方向不一致规则			
		客观差异型	利益之争型	模式之争型	安全风险型
发展中国家地位			1.修改发展中国家和发达国家划分标准，意在削弱我国等作为发展中国家所应享受的贸易优惠。 2.收紧特殊与差别待遇的内容和适用范围，比如提出毕业要求等		否认我国为发展中国家，打击我国在发展中国家中的影响力和号召力
市场导向条件			1.非市场经济地位。 2.以市场扭曲规则回避市场经济地位问题，加大在反倾销反补贴等领域的应用，继续使用替代国做法，削弱竞争对手优势	1.提出市场导向条件及其标准，批评所谓非市场经济政策。 2.与国有企业、补贴、产能过剩、盗窃知识产权等相联系。 3.USMCA等中的"毒丸条款"规定缔约方不得"擅自"与"非市场经济国家"签署协定	

议题	方向一致型规则	方向不一致规则			
		客观差异型	利益之争型	模式之争型	安全风险型
国有企业	1.竞争中性作为对待国有企业的重要原则。 2.确立竞争政策的基础性地位		1.非商业援助，即加强对国有企业获得的补贴的监管。不仅拓展补贴的主体（将国企列为公共机构），而且USMCA等扩张了SCM关于非商业援助的三种形式，并将补贴的适应领域从货物贸易扩展到服务贸易和涵盖投资。 2.透明度，包括更高的国有企业的信息披露义务	1.对国有企业的界定。美欧及其OECD等组织力推以"政府控制说"来界定国有企业；并力图将国有企业列为"公共机构"。 2.商业考虑。将该条款作为与非歧视待遇同等的内容加以拔高，限制我国有企业的社会功能	围绕所谓"国家资本主义"的争论
补贴	1.避免不适当的补贴政策对市场竞争的干扰。 2.优化补贴方式和手段，提高补贴政策效果。 3.加大对基础研究、公益性研究等领域补贴支持		1.扩大禁止性补贴范围，将无限担保、资不抵债、产能过剩行业等作为新增禁止性补贴类型。 2.将补贴认定范围从财政领域扩展到金融领域，对国有银行贷款、政府基金、债转股纳入范围，意在加大对他国反补贴打击力度。 3.增加举证责任倒置机制。 4.将"产能过剩"纳入"严重损害"的范围。 5.提高透明度和增加反向通报惩罚	1.扩大公共机构的认定范围，将国有企业划为公共机构，国有企业提供的支持列为补贴规则限制对象	

议题	方向一致型规则	方向不一致规则			
		客观差异型	利益之争型	模式之争型	安全风险型
知识产权保护和强制技术转让	1.加强知识产权保护力度、范围，促进科技创新。 2.反对强制技术转让	1.知识产权保护程度存在差异，如在版权、商标、专利等方面，发达国家保护力度有所加大，明显延长保护期。 2.知识产权保护领域侧重点不同。近年来，发达国家不断扩展可授专利的客体范围，包括气味商标、域名、国名、试验数据、生物试剂等，以RCEP为代表的FTA则在遗传资源等方面的保护。 3.知识产权保护的严格程度、执法力度、操作性存在差异	1.对医药数据等知识产权保护力度过高，如设置10年的生物药品试验数据保护期；意在维护发达国家和大型药企等国际企业的利益。 2.美西方对强制技术转让的定义更广义；只有禁止技术转让的规则，没有促进技术有序转让的规则；只有约束政府干涉技术转让的规则，没有限制跨国公司过度技术垄断的规则		
数字贸易	1.推动电子签名和电子认证、无纸化贸易等跨境电商便利化。 2.推动数字贸易规则现代化	1.数据跨境流动与数据本地化。 2.数字知识产权保护和源代码。 3.欧盟等对消费者隐私数据保护的标准更高	1.将云计算分类归为计算机相关服务类别意在使他国承担更大的市场开放责任。 2.数字税收意在维护发达国家大型数字跨国企业利益		1.互联网自由接入。 2.关键数据等领域自由化

资料来源：作者整理。

第二节 以共建"一带一路"为引领，提升经贸规则引领力

一是加快对接国际高标准经贸规则。对标世界最高水平的开放形态，在通过自由贸易区战略进一步降低各方关税壁垒基础上，进一步加强与伙伴国在知识产权保护、服务贸易开放等"WTO+"规则和竞争政策、投资和资本流动等"WTO-×"规则领域的对接，不断提升我国以及整个区域对外开放水平，扩大面向全球的高标准自由贸易区网络。

二是增强思想原创力和理念引领力。原创性、个性化的理念创新、思想创造是一国对全球经贸合作最重要的贡献，是增强国家参与全球竞争与自贸谈判话语权和影响力的核心优势，也是共建"一带一路"与自贸试验区战略协同对接的重要切入点。目前，共建"一带一路"倡议及其核心理念已广泛载入联合国、二十国集团、亚太经合组织、上海合作组织以及其他区域组织等有关文件中，这标志着"一带一路"倡议的理念、原则已经开始被纳入国际软法的范畴。要推动"一带一路"共商共建共享的原则、构建人类命运共同体的理念以及和平合作、开放包容、互学互鉴、互利共赢的丝绸之路精神转变为国际软法，以法律语言加以细化，不断增强"一带一路"合作原则、理念和精神的法律话语权和国际影响力，将"一带一路"新理念贯彻到与其他国家商签自贸协定过程中，在我国自由贸易区谈判与协定中充分应用，加快其向国际法律制度转化。

三是积极创设新议题。结合我国和"一带一路"共建国家与地区发展的基本形势和阶段性特征，依托"一带一路"有效平台，积极创设基础设施互联互通、产业园区建设、国际产能合作、经济技术合作

等领域新议题新规则，将共建"一带一路"过程中行之有效的经验和做法以国际规则和双多边协定的方式固定下来，对"南南合作"中具有广阔前景的合作领域和政策安排以新的规则设计前瞻性地予以保障，紧扣共建"一带一路"实践，切实提升我国在自贸协定谈判中的议题创设权和规则话语权，增强我国在全球经贸规则演进中的主动性、竞争力和影响力，构建对接国际、彰显特色的"一带一路"经贸规则体系。推动共建"一带一路"中行之有效的合作规则、合作模式通过自由贸易区协定等形式，从双边、区域性规则向国际诸边规则进而向多边规则的迈进。

第三节　积极参与世贸组织改革，推动全球经济治理朝平等、开放、合作、共享方向发展

一是积极维护多边贸易体制。坚持维护多边贸易体制的核心价值，构建开放型世界经济，保障发展中成员的发展利益，采取合适策略推动发展中国家待遇等议题有效解决。纠正贸易救济措施滥用，尊重成员各自的发展模式。

二是扎实推进自由贸易区战略。积极推动加入 CPTPP 和 DEPA。加快"中国—海合会"、中日韩自贸区谈判，推动与以色列、加拿大、挪威以及欧盟、欧亚经济联盟等建立自贸关系，推动与新西兰、秘鲁等自贸协定升级，扩大面向全球的高标准自由贸易区网络。对接国际经贸新规则，开展在知识产权保护、服务贸易开放等"WTO+"规则和竞争政策、投资和资本流动等"WTO-×"规则等领域的对接，不断提升对外开放水平。

三是优化国际经济治理结构。推动国际经济治理体系更好反映全球

经济格局变化和新兴市场国家的利益诉求，推动国际货币基金组织和世界银行改革，进一步优化份额分配和治理结构。支持二十国集团机制作为国际经济合作主要论坛的地位，积极参与亚太经合组织、上海合作组织、金砖国家合作机制等国际治理机制，切实推进亚洲基础设施投资银行、金砖国家新开发银行、金砖国家应急储备安排等新机制建设。

四是加强国际宏观经济政策协调。加强财政政策国际协调，营造有利于稳增长的国际大环境。围绕全球杠杆率尤其是政府债务负担高企问题，加强主权债务国际协调，与国际货币基金组织等机构以及巴黎俱乐部、伦敦俱乐部、债券互换等主权债务重组"三驾马车"密切配合，维护全球经济金融形势稳定。推进全球税收合作，有效规避"避税天堂"和全球税收恶性竞争。加强货币政策国际协调，保持人民币汇率在合理均衡水平上的基本稳定，支持国际金融市场稳定和全球经济复苏。推进结构性改革政策国际协调，开展国际创新合作，加强保护知识产权国际合作，支持发展中国家能力建设，改进技能和人力资本。加强竞争政策协调对接，更好兼顾发展中国家利益诉求，避免竞争政策等成为贸易保护主义新壁垒。

第四节　推动制度型开放，做好自贸区港改革创新压力测试

一是完善涉外经贸法律和规则体系。推动贸易投资立法和法律实施工作。不断完善贸易及相关领域国内立法，推动《中华人民共和国对外贸易法》修订和完善，为贸易高质量发展提供法治保障。全面实施《中华人民共和国外商投资法》，加快制定配套政策措施，加强产权和知识产权保护，保障外商投资企业国民待遇。推动制定境外投资法，构建中国

特色援外法律制度，完善外国人服务管理、领事保护等法制建设。促进国内经贸立法与国际经贸规则良性互动，及时将国际经贸投资领域新规则新发展吸收到国内立法中，尤其是优先吸收到自贸试验区条例和自贸港立法工作中，避免潜在的法律冲突和障碍，营造内外一致、稳定透明的市场化法治化国际化营商环境。按国别系统研究"一带一路"共建国家和地区法律制度和规则体系。完善涉外司法制度，以"一带一路"共建国家和地区为重点开展国际司法合作，解决司法管辖冲突、国际平行诉讼问题和司法判决、仲裁裁决的承认与执行问题。加强与WTO争端解决机制、《华盛顿公约》项下的国际投资争端解决中心对接合作，充分利用与相关国家缔结的经贸投资协定，构建"一带一路"争端解决机制。

二是推动贸易投资自由化便利化。高标准建设国际贸易"单一窗口"，依托电子口岸平台，实现监管信息同步传输，推进企业运营信息与监管系统对接，抓好"单一窗口"标准功能应用和特色功能优化。推动共用数据标准、共享数据信息、协同监管服务。在国际化社区和国际化企业集聚的重点片区开办国际学校、开设国际课程和配置国际化医疗机构，提供与国际接轨的教育、医疗保障服务。

三是建设市场化法治化、国际化一流营商环境。积极对接国际高标准经贸规则，借鉴国际经验，优化开放模式。加强规制对接，处理好政府与市场的关系，加快实施竞争中性政策。加强管理对接，实施外商投资准入前国民待遇加负面清单管理制度，鼓励民间投资进入基础产业、基础设施、公用事业等领域，鼓励民营企业参与国有企业混合所有制改革。对接放宽市场准入，大力推动简政放权，尽可能压缩通关时间，减少企业开办时间，减少建设项目审批时间。加强标准对接，推动对外贸易、产业投资、金融等合作中的标准体系建设。推进审批服务"马上办、网上办、就近办、一次办"，实现申请办理类审批服务事项全覆盖。

四是发挥自贸港、自贸试验区规则对标"试验田"作用。发挥自贸试验区和中国特色自由贸易港先行先试作用，在数字经济、知识产权等领域率先对接国际高标准经贸规则，做好以开放促改革的压力测试，打造推动高水平对外开放的先行区。

第五节　统筹发展与安全，建立规则对接风险应对机制

一是建立完善产业损害预警体系。针对保护主义在贸易、投资、科技等领域无端打压，实施贸易调整援助政策，为因进口以及国外无端打压造成的产业损害及工人损失提供支持。

二是加强国际收支和外汇储备监测。密切跟踪市场主体对经常账户状况变化的反应，加强宣传引导，建立国际收支、外汇储备、人民币汇率稳定联动监测预警和应对体系，有效防范国际收支、跨境资本流动的短期冲击对人民币汇率、外汇储备及我国经济内外均衡局面的干扰。

三是加强海运等对外开放关键支撑服务体系建设。加强海洋运输能力建设，打造现代化海运船队，培育海运人才队伍。

参考文献

［1］Aaken, Kurtz. Beyond Rational Choice: International Trade Law and the Behavioral Political Economy of Protectionism[J]. Journal of international Economic Law, 2019, 22（4）: 601-628.

［2］Aaronson. What Are We Talking About When We Talk About Digital Protectionism? [J]. World Trade Review, 2019, 18（4）: 541-577.

［3］Anderson, et al. Competition policy, trade and the global economy: Existing WTO elements, commitments in regional trade agreements, current challenges and issues for reflection[J]. WTO Staff Working Papers, 2018.

［4］Anderson, Neary. Measuring the Restrictiveness of Trade Policy[J]. The World Bank Economic Review, 1994, 8（2）: 151-169.

［5］Anderson, Neary. The Mercantilist Index of Trade Policy[J]. International Economic Review, 2003, 44（2）: 627-649.

［6］Baldwin. The Political Economy of Trade Policy[J]. Journal of Economic Perspectives, 1989, 3（4）: 119-135.

［7］Barattieri, Cacciatore. Self-Harming Trade Policy? Protectionism and Production Networks[J]. NBER working paper, 2020.

［8］Barattieri, Cacciatore, Ghironi. Protectionism and the Business Cycle[J]. NBER working paper, No. w24353, 2018.

［9］Bas. Input-trade Liberalization and Firm Export Decisions: Evidence from Argentina[J]. Journal of Development Economics, 2012, 97（2）: 481-493.

［10］Blaug. Economic Theory in Retrospect[M]. Cambridge University Press, 1997.

［11］Carrre, Olarreaga, Raess. Labor Clauses in Trade Agreements: Worker Protection or Protectionism? [J]. CEPR Discussion Paper No. DP12251, 2017.

［12］Cheong, Tongzon. The Economic Impact of a Rise in US Trade Protectionism on East Asia[J]. Journal of Korea Trade, 2018, 22（3）: 265-279.

［13］Delpeuch, Fize, Martin. Trade Imbalances and the Rise of Protectionism[J]. 2021.

［14］Deming. Reconstruction and Prospects of Global Economic and Trade Rules[J]. World Scientific Book Chapters, 2016, 10.1142/9916: 561-592.

［15］Dullien, Stephan, Theobald. European Fiscal Rules as a Liability In The Transatlantic Trade Conflict: Lessons From Nigem Simulations[J]. National Institute Economic Review, 2020, 254: R54-R66.

［16］Durusoy, Sica, Beyhan. Economic Crisis and Protectionism Policies: The Case of the EU Countries[J]. International Journal of Humanities and Social Science, 2015, 5（6）: 1.

［17］Eckhardt, Wang, Governance. China's new generation trade agreements: Importing rules to lock in domestic reform? [J]. Regulation & Govemance, 2021, 15（3）: 581-597.

［18］Elms. Evolving Digital and E-Commerce Trade Rules for Northeast

Asia[J]. SSRN Electronic Journal，2016.

［19］Fajgelbaum, et al. The Return to Protectionism[J]. The Quarterly Journal of Economics，2020，135（1）：1-55.

［20］Flach. Recent Challenges for Global Cooperation and the Future of WTO[J]. CESifo Forum，2021，22（2）：8-11.

［21］Georgiadis，Grab. Growth，Real Exchange Rates and Trade Protectionism Since the Financial Crisis[J]. Review of International Economics，2016，24（5）：1050-1080.

［22］Georgiadis，Graib. Trade Protectionism and Business Cycles During the Great Recession[J]. ECB working paper，2013.

［23］Gonzalez. Bridging the Divide between Developed and Developing Countries in WTO Negotiations[J]. Peterson Institute for International Economics，Trade and Investment Policy Watch，Washington，DC，March，2019，12.

［24］Gregori. Protectionism and International Trade：A Long-run View[J]. International Economics，2021，165：1-13.

［25］Gunnella，Quaglietti. The Economic Implications of Rising Protectionism：A Euro Area and Global Perspective[R].European Central Bank，2019.

［26］Handley，Limao. Policy Uncertainty，Trade，and Welfare：Theory and Evidence for China and the United States[J]. American Economic Review，2017，107（9）：2731-2783.

［27］Hofmann，Osnago，Ruta. Horizontal depth：a new database on the content of preferential trade agreements[J]. World Bank Policy Research Working Paper，2017（7981）.

［28］Karacaovali. Varying Political Economy Weights of Protection：The Case of Colombia[J]. Economics & Politics，2015，27（2）：290-312.

［29］Kee, Neagu, Nicita. Is Protectionism on the Rise? Assessing National Trade Policies During the Crisis of 2008[J]. Review of Economics and Statistics, 2013, 95（1）: 342−346.

［30］Kinzius, Sandkamp, Yalcin. Trade Protection and the Role of Non−tariff Barriers[J]. Review of World Economics, 2019, 155（4）: 603−643.

［31］Kirpichev, Moral−Benito. The Costs of Trade Protectionism: Evidence from Spanish Firms and Non−tariff Measures[J]. Banco de Espana Working, 2018（1814）.

［32］Koh, Lee. A Ricardian rationale for the WTO rules on R&D subsidies[R]. Working Paper, 2020.

［33］Krugman. Is Free Trade Pass'e? [J]. Journal of economic Perspectives, 1987, 1（2）: 131−144.

［34］Lacey. Trade Rules for the Digital Economy[R]. Working Paper, 2017.

［35］Larch, Lechthaler. Is There a Short−run Case for Protectionism? Trade Policy and the Business Cycle[R].Kiel Working Paper, 2011.

［36］Lechthaler, Mileva. Who Benefits from Trade Wars? [J]. Intereconomics, 2018, 53（1）: 22−26.

［37］Lee. Applying Competition Policy to Optimize International Trade Rules[J]. Staff Papers, 2017.

［38］Li, He, Lin. Economic Impacts of the Possible China−US Trade War[J]. Emerging Markets Finance and Trade, 2018, 54（7）: 1557−1577.

［39］Li, Whalley. Trade Protectionism and US Manufacturing Employment[J]. Economic Modelling, 2020.

［40］Meltzer. Maximizing the Opportunities of the Internet for International Trade[J]. Social Science Electronic Publishing, 2016.

［41］Miroudot, Nordstrm. Made in the World? Global Value Chains in the

Midst of Rising Protectionism[J]. Review of Industrial Organization, 2020, 57（2）: 195-222.

［42］Mishra, Mitchell. Public Submission, The Future of Digital Trade Rules Consultation（DFAT）[J]. SSRN Electronic Journal, 2020.

［43］Nicita, Neagu, Kee. Is Protectionism on the Rise? Assessing National Trade Policies during the Crisis of 2008[M]. The World Bank, 2010.

［44］Nye. The Kindleberger Trap[J]. China-US Focus, 2017, 1.

［45］Oatley. Real Exchange Rates and Trade Protectionism[J]. Business and Politics, 2010, 12（2）: 1-17.

［46］Olson. The Logic of Collective Action: Public Goods and the Theory of Groups[M]. Harvard University Press, 2009.

［47］Ommeren, Poletti, De Bièvre. The European Union and the political economy of enforcing international trade rules, in European Union Politics[J]. European Union Politics, 2021（4）.

［48］Pedersen, Diakantoni. Lessons Learned and Challenges Ahead for the WTO Trade Monitoring Exercise[J]. SSRN Electronic Journal, 2020.

［49］Pepita, et al. Trade challenges at the World Trade Organization to national noncommunicable disease prevention policies: A thematic document analysis of trade and health policy space[J]. Plos Medicine, 2018, 15（6）: e1002590.

［50］Potrafke, Ruthardt, Wuthrich. Protectionism and Economic Growth: Causal Evidence from the First Era of Globalization[J]. CESifo Working Paper, 2020.

［51］Putnam. Diplomacy and Domestic Politics: the Logic of Two-level Games[J]. International Organization, 1988, 42（3）: 427.

［52］Ritzel, Kohler. Protectionism, How Stupid Is This? The Causal Effect of Free Trade for The World's Poorest Countries：Evidence from a Quasi-experiment in Switzerland[J]. Journal of Policy Modeling，2017，39（6）：1007-1018.

［53］Rodrik. The Globalization Paradox：Democracy and the Future of the World Economy[M]. Oxford University Press，2011.

［54］Rose. The March of an Economic Idea？ Protectionism Isn't Counter-cyclic Anymore[J]. Economic Policy，2013，28（76）：569-612.

［55］Samuelson. Where Ricardo and Mill Rebut and Confirm Arguments of Mainstream Economists Supporting Globalization[J]. Journal of Economic Perspectives，2004，18（3）：135-146.

［56］Sugimoto，Nakagawa. Endogenous Trade Policy：Political Struggle in the Growth Process[J]. Structural Change and Economic Dynamics，2011，22（1）：12-29.

［57］Suwanprasert. Trade Restrictiveness Index of Non-Tariff Barriers Under the CES Preference[J]. International Economic Journal，2020，34（1）：48-57.

［58］Thurbon. Australia and the Rules of International Trade and Finance[J]. 2021.

［59］Yalcin，Felbermayr，Kinzius. Hidden Protectionism：Non-tariff Barriers and Implications for International Trade[R].ifo Center for International Economics，2017.

［60］巴格瓦蒂. 现代自由贸易 [M]. 北京：中信出版社，2003.

［61］白树强. 全球竞争政策 [M]. 北京：北京大学出版社，2011.

［62］程大为. 国际金融危机爆发后贸易保护主义的发展与应对思路 [J]. 经济纵横，2010（11）：65-68.

［63］褚童. 巨型自由贸易协定框架下国际知识产权规则分析及中国应对方案

[J]. 国际经贸探索, 2019, 35（9）：80-95.

[64] 单晓光 . 论强制技术转让 [J]. 东方法学, 2020（6）：15.

[65] 东艳 . 国际经贸规则重塑与中国参与路径研究 [J]. 中国特色社会主义研究, 2021（3）.

[66] 范丽娜 . 如何应对"新贸易保护主义"[J]. 经济论坛, 2008（16）：39-41.

[67] 方长平 . 百年未有之大变局下中国发展战略机遇期的思考 [J]. 教学与研究, 2020（12）：57-66.

[68] 高祖贵 . 世界百年未有之大变局的丰富内涵 [N]. 学习时报, 2019-01-21（01）.

[69] 格雷厄姆·艾利森 . 注定一战：中美能避免修昔底德陷阱吗 [M]. 上海：上海人民出版社, 2018.

[70] 郭智 . 世界经济发展新形势下"三零"贸易规则的影响及对策研究 [J]. 对外经贸实务, 2020（10）.

[71] 国务院发展研究中心对外经济研究部课题组 . 促进我国服务贸易开放发展与竞争力提升 [J]. 中国经济报告, 2020（5）.

[72] 韩立余 . 构建国际经贸新规则的总思路 [J]. 经贸法律评论, 2019（4）：1-13.

[73] 郝洁 . 国际经贸规则重构对我国的挑战及应对 [J]. 中国经贸导刊, 2016,（10）：52-53.

[74] 胡鞍钢 . 中国与世界百年未有之大变局：基本走向与未来趋势 [J]. 新疆师范大学学报（哲学社会科学版）, 2021（5）：1-16.

[75] 克劳斯·施瓦布, 尼古拉斯·戴维斯 . 第四次工业革命——行动路线图：打造创新型社会 [M]. 北京：中信出版社, 2018.

[76] 雷达, 初晓 . 国际经济秩序演变与百年未有之大变局 [J]. 国际商务研究, 2021, 42（1）：3-12.

[77] 李猛. "一带一路"背景下制定高标准粤港澳大湾区自由经贸协定研究 [J]. 亚太经济，2018（2）：135-142.

[78] 李双双. WTO "特殊和差别待遇"透视：改革争议、对华现实意义及政策建议 [J]. 国际贸易，2019（8）：4-11.

[79] 李向阳. 国际经济规则的形成机制 [J]. 世界经济与政治，2006（9）.

[80] 梁霞. 国际技术转让的知识产权保护研究 [D]. 南昌大学，2020.

[81] 刘乃郗. 全球价值链视角下国际经贸规则面临的挑战与前瞻 [J]. 中国流通经济，2020，315（12）：85-93.

[82] 刘宣杉.《美日数字贸易协定》的数字贸易规则研究 [D]. 辽宁大学，2021.

[83] 刘志中，王曼莹. 国际经贸规则演变的新趋向、影响及中国的对策 [J]. 经济纵横，2016（6）：106-110.

[84] 卢锋，李双双. 多边贸易体制应变求新：WTO 改革新进展 [J]. 学术研究，2020（5）：78-87.

[85] 鲁晓东，许罗丹. 2016 全球贸易保护主义风头正劲 [J]. 人民论坛，2017（5）：128-130.

[86] 罗建波. 在世界百年未有大变局中把握战略机遇期 [J]. 科学社会主义，2019（3）：14-22.

[87] 倪红福，王晓星，王欠欠. 贸易限制指数的动态演变及增加值贸易效应 [J]. 中国工业经济，2020（12）：140-158.

[88] 庞中英，卜永光. 在全球层面治理"百年未有之大变局" [J]. 当代世界，2020（3）：47-53.

[89] 逄锦聚. 在世界百年未有之大变局中坚持和发展中国特色社会主义经济发展道路 [J]. 经济研究，2020，55（8）：24-40.

[90] 权衡. "百年未有之大变局"：表现、机理与中国之战略应对 [J]. 科学社会主义，2019（3）：9-13.

[91]阮宗泽.“百年未有之大变局”：五大特点前所未有 [J]. 世界知识，2018（24）：14-15.

[92]沈铭辉.“竞争中性”视角下的 TPP 国有企业条款分析 [J]. 国际经济合作，2015（7）：19-24.

[93]盛斌，李德轩.金融危机后的全球贸易保护主义与 WTO 规则的完善 [J]. 国际经贸探索，2010，26（10）：22-27.

[94]石静霞.世界贸易组织上诉机构的危机与改革 [J]. 法商研究，2019，36（3）：150-163.

[95]唐宜红，张鹏杨.美国特朗普政府对华贸易保护的新态势 [J]. 国际贸易，2017（10）：38-43.

[96]唐宜红，张鹏杨.全球价值链嵌入对贸易保护的抑制效应：基于经济波动视角的研究 [J]. 中国社会科学，2020（7）：61-80.

[97]屠新泉，石晓婧.国家主权与国际规则：美国对世界贸易组织争端解决机制的态度变迁 [J]. 太平洋学报，2021（6）：1-11.

[98]王金强.国际经贸规则的变迁与全球互联互通伙伴关系的构建 [J]. 海外投资与出口信贷，2020（3）：5.

[99]王晓红，等.对“三零”国际经贸规则的认识 [J]. 国际贸易，2019（6）：33-40.

[100]王永中.如何应对百年未有之大变局和疫情的叠加冲击 [J]. 人民论坛，2020（15）：12-15.

[101]王中美.发展中国家的分类争议及特殊与差别待遇的适用 [J]. 国际经贸探索，2020，36（6）：89-100.

[102]翁国民，宋丽.《美墨加协定》对国际经贸规则的影响及中国之因应——以 NAFTA 与 CPTPP 为比较视角 [J]. 浙江社会科学，2020（8）：20-29.

[103]吴朝阳，吴蝉.ＷＴＯ改革：代表性成员立场比较与前景展望 [J]. 国际

贸易，2021.

[104]吴小康，韩剑.中国的自贸区战略只重量而不重质吗？——基于RTA文本数据的研究[J].世界经济与政治论坛，2019（4）：1-28.

[105]辛向阳.科学社会主义视野下百年未有之大变局[J].世界社会主义研究，2019，4（10）：25-31.

[106]颜晓峰.在百年未有之大变局中打好战略主动仗[J].红旗文稿，2019（4）：4-10.

[107]杨雪冬.准确把握"百年未有之大变局"中的"不变者"[J].探索与争鸣，2019（01）：17-20.

[108]于鹏.WTO争端解决机制危机：原因、进展及前景[J].国际贸易，2019（5）.

[109]袁其刚，闫世玲，翟亮亮.WTO"特殊与差别待遇"谈判议题的中国对策[J].经济与管理评论，2021，37（03）：123-135.

[110]袁其刚，闫世玲，张伟.发展中国家"特殊与差别待遇"问题研究的新思路[J].国际经济评论，2020（1）：43-58.

[111]张斌.国有企业商业考虑原则：规则演变与实践[J].上海对外经贸大学学报，2020，27（4）：21-29.

[112]张二震，戴翔.全球贸易保护主义新趋势[J].人民论坛，2017（5）：130-131.

[113]张久琴.竞争政策与竞争中性规则的演变及中国对策[J].国际贸易，2019（10）：27-34.

[114]张军，佴杰.我国应对国际经贸新规则的策略研究[J].经济纵横，2017（04）：59-63.

[115]张丽娟.全球化新阶段与贸易政策新挑战[J].四川大学学报（哲学社会科学版），2019（3）：73-80.

[116]张茉楠.全球经贸规则体系正加速步入"2.0时代"[J].宏观经济管理，

2020（4）：7.

［117］张晓霞．当前国际贸易保护主义的亲趋势及我国应对策略［D］. 郑州大学，2007.

［118］张一飞．"百年未有之大变局"的三个面向［J］. 国际经济评论，2020（1）：75-93.

［119］张宇燕．理解百年未有之大变局［J］. 国际经济评论，2019（5）：9-19.

［120］张宇燕．国际变局及其给亚洲带来的机遇和挑战［J］. 日本学刊，2019（4）：1-4.

［121］赵瑾．当代全球新贸易保护主义的十大特点［J］. 世界经济，2005（3）：46-50.

［122］赵磊．新冠肺炎疫情下的百年未有之大变局：特点与影响［J］. 当代世界，2021（2）：44-49.

［123］赵硕刚．国际经贸规则变化趋势对我国的影响及对策［J］. 海外投资与出口信贷，2019（3）：30-35.

［124］中国信息通信研究院互联网法律研究中心．数字贸易的国际规则［M］. 北京：法律出版社，2019.

［125］周跃雪．WTO多边贸易体制谈判规则及其改革探索［J］. 经济体制改革，2017（5）：6.